湖北省公益学术著作出版专项资金
Hubei Special Funds for Academic and Public-interest Publications

湖北博物馆馆藏陶瓷文物保护与利用研究丛书（第一辑）
李　奇　主编

罗田县博物馆馆藏陶瓷文物保护与利用研究

郑常玉　**主编**
湖北省博物馆　罗田县博物馆　**编**
程　燕　王双超　李　冰　周曙初　**副主编**
潘　锦　**参编**

武汉理工大学出版社
·武　汉·

图书在版编目(CIP)数据

罗田县博物馆馆藏陶瓷文物保护与利用研究/郑常玉主编;湖北省博物馆,罗田县博物馆编.—武汉 :武汉理工大学出版社,2023.9

(湖北博物馆馆藏陶瓷文物保护与利用研究丛书 /李奇主编. 第一辑)

ISBN 978-7-5629-6665-4

Ⅰ.①罗… Ⅱ.①郑… ②湖… ③罗… Ⅲ.①博物馆—古代陶瓷—文物保护—研究—罗田县 Ⅳ.①K876.34

中国版本图书馆 CIP 数据核字(2022)第 164883 号

Luotianxian Bowuguan Guancang Taoci Wenwu Baohu yu Liyong Yanjiu

罗田县博物馆馆藏陶瓷文物保护与利用研究

项目负责人:王　思
责 任 编 辑:王　思
责 任 校 对:夏冬琴
版 面 设 计:正风图文
出 版 发 行:武汉理工大学出版社
地　　　址:武汉市洪山区珞狮路 122 号
邮　　　编:430070
网　　　址:http://www.wutp.com.cn
经　销　者:各地新华书店
印　刷　者:武汉精一佳印刷有限公司
开　　　本:889mm×1194mm　1/16
印　　　张:16.25
字　　　数:260 千字
版　　　次:2023 年 9 月第 1 版
印　　　次:2023 年 9 月第 1 次印刷
定　　　价:196.00 元

凡购本书,如有缺页、倒页、脱页等印装质量问题,请向出版社发行部调换。

本社购书热线电话:027-87391631　87523148　87165708(传真)

湖北博物馆馆藏陶瓷文物保护与利用研究丛书（第一辑）

编委会

丛书前言

Preface to the book series

陶瓷器物自古以来都是中国最重要的生活用具、艺术作品和贸易商品，是中国文化中最具世界影响力的元素之一。它贯穿整个中国社会发展历史，每个时期生产的陶瓷器物都承载着那个时期社会发展方方面面的信息，有的幸运地遗留至今成为文物，因陶瓷材料化学性能稳定而成为历史真实的“记录器”。

一直以来，以习近平同志为核心的党中央高度重视历史文化遗产的保护和利用工作，多次作出重要批示：“要把历史文化遗产保护放在第一位，同时要合理利用，使其在提供公共文化服务、满足人民精神文化生活需求方面充分发挥作用”；“要加强考古工作和历史研究，让收藏在博物馆里的文物、陈列在广阔大地上的遗产、书写在古籍里的文字都活起来，丰富全社会历史文化滋养”。

陶瓷质地的文物是各个地方博物馆收藏品中的大宗门类之一，大多征集或出土于当地，是展现当地社会、经济、文化发展历史的重要见证物。其中发生破损的陶瓷器物更是在被流转、保护、使用、改造、修补、掩埋过程中携带着其被制作出来后各个时期中国人行为活动的痕迹，既能呈现中国历史的波澜壮阔，也能反映历代中国人的烟火生活。它们是承担新时代文物保护工作历史使命的最佳品种之一。科学推进陶瓷文物的保护与利用，是贯彻习近平总书记关于文物工作指示批示精神，坚持“保护第一、加强管理、挖掘价值、有效利用、让文物活起来”的新时代文物工作方针，推进文化旅游事业繁荣发展的具体举措。

湖北是文物大省，根据第一次全国可移动文物普查数据可知，湖北省国有博物馆收藏的可移动文物总量为 1 332 318 件/套，其中陶瓷文物 186 262 件/套，约占文物总量的 14%。然而，其中有 38.40%的陶瓷文物存在着不同程度的破损。基于此状况，2018 年 2 月，湖北省文物局组织原湖北省文物交流信息中心（现已并入湖北省博物馆）实施了“湖北省国有博物馆馆藏陶瓷类文物保护利用研究”课题。该课题以第一次全国可移动文物普查数据为基础，以湖北省国有博物馆馆藏陶瓷文物为研究对象，通过统计调查、实地调查和问卷调查等方式，基本弄清了湖北省国有博物馆馆藏陶瓷文物资源总体情况以及保护利用现状，并对陶瓷文物的管理、保护、展陈、利用及文创开发等进行了研究。武汉理工大学出版社于2020年4月出版的《湖北国有博物馆馆藏陶瓷文物保护及活化研究》一书即为此课题的重要成果。但该课题没有对湖北省各个博物馆馆藏陶瓷文物的保护及利用进行具体研究、深入挖掘。此次湖北省博物馆联合省内多家博物馆，出版“湖北博物馆馆藏陶瓷文物保护与利用研究丛书（第一辑）”，是对该课题成果的具象化。

本套丛书从博物馆实际工作出发，探索陶瓷文物保护修复、展示利用的理论与实务，具有指导性、普及性、实操性，填补了同类出版物的空白，能为湖北省乃至全国各地博物馆馆藏陶瓷文物保护及活化研究提供示范和指引；为湖北省陶瓷文物保护利用提供行动指南，促进湖北省陶瓷文物保护利用整体水平提升；挖掘出尚不为人知的湖北省陶瓷文物资源，发挥最大资源潜能，提升现有珍贵陶瓷器物研究的深度和广度，增强陶瓷文物陈展能力和利用空间；扩大湖北省陶瓷文物资源在全国乃至全世界的影响力，助推当地经济、文化事业发展，从而对普及、传播悠久的中国陶瓷文化，赋能湖北文物事业高质量发展起到积极作用。

湖北省博物馆党委委员、副馆长、研究馆员　李奇

2023年8月

前言 Preface

罗田县位于湖北省东北部、大别山南麓，是大别山主峰和核心景区所在地。罗田是一片古老而文明的土地，早在新石器时代，就有人类在此繁衍生息。罗田独立的县级行政区划始于南朝梁普通四年（公元523年），距今已有1 500年的建县历史。罗田县境内不仅有丰富的自然资源和美丽的自然风光，还有灿烂的历史文化和丰富的文物资源，如北丰李家咀新石器时代遗址、北丰李家楼周代遗址、匡河汪家桥古墓葬、文庙大成殿等。罗田县博物馆是罗田县内唯一一家综合性博物馆，肩负着地方文物保护与展示、文化交流与传承、知识传播与普及的重要使命。

近年来，国家逐渐加大对文物保护的力度和博物馆社会教育功能的重视程度，要求各地博物馆在加强文物保护利用和文化遗产保护传承的基础上，注重文物价值的挖掘阐释，讲好中国故事，让文物活起来。罗田县博物馆积极响应国家号召，依托国际博物馆日推出不同主题的专题展览和临时展览；同时，为了加强馆藏文物保护，提升藏品展陈质量和利用空间，委托原湖北省文物交流信息中心（现已并入湖北省博物馆）对馆藏的51件（套）破损陶瓷文物进行保护修复，并在保护修复的基础上，进一步提炼文物价值，探讨文物预防性保护方式，思考文物展示利用方向，本书就是在这样的背景下编写完成的。

本书集罗田县博物馆馆藏陶瓷文物保护修复、研究、利用于一体，主要分为五章。第一章简要介绍了罗田发展历史、罗田县博物馆历史沿革及其藏品状况、库房条件、展览与宣教成果等；第二章重点阐述了罗田县博物馆馆藏陶瓷文物保护修复措施，包括项目概述、现状调查、检测分析、价值评估、保护与修复意义、保护修复技术路线、保护修复实施过程、保护修复重难点及其处理、修复前后对比等内容；第三章对罗田县博物馆馆藏陶瓷文物进行了专题研究；第四章探索了罗田县博物馆陶瓷文物预防性保护和展示利用；第五章介绍了罗田县博物馆馆藏陶瓷文物精品。

本书是罗田县第一部较为全面地介绍罗田县博物馆藏品、文物保护项目开展、文物专题研究和文物资源利用情况的书籍，本书的编写不仅是对博物馆以往工作的回顾和总结，也为未来博物馆开展文物保护利用工作提供了基础资料。同时，也希望通过本书为湖北陶瓷文物资源保护利用、罗田县博物馆知名度提升以及地方社会经济发展作出贡献。

本书由罗田县博物馆郑常玉担任主编，罗田县博物馆程燕、湖北省博物馆王双超、罗田县博物馆周曙初及原湖北省文物交流信息中心实习生李冰担任副主编。郑常玉负责项目的统筹安排、人员调度、进度把控以及最终审核；王双超负责本书的大纲拟定、资料分析和各章节撰写，李冰协助完成本书专题研究内容；程燕、周曙初负责整理与本书有关的资料和照片。

由于编者水平有限，书中错误和不足之处在所难免，恳请各位读者批评指正。

编　者

2023 年 8 月

目录
Contents

第一章
罗田县博物馆馆藏陶瓷文物基本状况

第一节　罗田发展历史

罗田县是湖北省黄冈市辖县，位于湖北省东北部、大别山南麓，地处东经 115°06′～115°46′，北纬 30°35′～31°16′之间；境内多山，地势自东北向西南倾斜。全县版图面积 2 144 平方公里，辖 10 镇、2 乡（含白莲河乡）、4 个国有林场、414 个村。罗田县域东临英山县，南连浠水县，西与团风县相接，西北与麻城市相连，北与安徽省金寨县交界。罗田境内气候四季分明，属北亚热带季风气候区。“罗田”之名因安置当时雄踞此地的巴水蛮巨族田氏于罗州（当时罗田属罗州）而得。

罗田历史悠久，是一片古老而文明的土地。早在新石器时代就有人类在此繁衍生息；夏商周时，属扬州地；西周时期，属弦子国；春秋战国时期，属楚；秦时，先属九江郡，后属衡山郡；西汉高帝六年（公元前 201 年），蕲春县建立，为蕲春县地，隶荆州江夏郡；东汉时，初属江夏郡，建安十三年（公元 208 年）赤壁之战后，孙权置蕲春郡，隶之；三国时，魏黄初三年（公元 222 年），属魏，隶郢州，吴黄武四年（公元 225 年）复归吴，隶蕲春郡；西晋太康元年（公元 280 年），裁蕲春郡，隶豫州弋阳郡；西晋元康（公元 291—299 年）初年，改隶于西阳王国；东晋咸和（公元 326—334 年）初年，西阳王国废，转隶西阳郡；太元三年（公元 378 年），改蕲春郡为蕲阳县，隶南豫州南新蔡郡；南北朝时期刘宋（公元 420—479 年）初年，隶豫州弋阳郡，后于境内分立东安、义安、直水等蛮县；宋孝建元年（公元 454 年），隶郢州西阳郡；宋泰始五年（公元 469 年）西阳郡改隶豫州；南齐永明四年（公元 486 年）改蕲阳县为齐昌县，设齐昌郡，隶豫州。

南朝梁武帝普通四年(公元523年)六月，始设罗田县(实为齐昌郡划出的一部分)，又设义城郡及义州，罗田县附于义城郡，县治于今石桥铺附近的魁山。北齐文宣帝天宝元年至五年(公元550—554年)建罗州城，时蕲春东部名齐昌县，隶罗州齐昌郡，罗州城为州、郡、县三级治所。

隋开皇三年(公元583年)，废义城郡及义州，存罗田县，隶蕲州总管府。隋开皇九年(公元589年)，改蕲州总管府为蕲州，罗田县属蕲州。隋大业三年(公元607年)改蕲州为蕲春郡，罗田隶之。唐武德四年(公元621年)改蕲春郡为蕲州，改浠水县为兰溪县，废罗田县入兰溪县，属蕲州。唐天宝元年(公元742年)，改蕲州为蕲春郡，改兰溪县为蕲水县，罗田属蕲水县。唐乾元元年(公元758年)，复改蕲春郡为蕲州，隶淮南道。五代十国时期，为蕲水县地，相继属杨吴、南唐、后周政权，隶淮南道蕲州。

宋初，蕲水县隶淮南路蕲州。北宋熙宁五年(公元1072年)分淮南路为东西两路，蕲水县隶淮南西路蕲州。北宋元祐八年(公元1093年)划出蕲水县北部之石桥镇复立罗田县，县治于魁山，仍属淮南西路蕲州，属蕲州管辖。南宋绍兴五年(公元1135年)废县为镇入蕲水，不久复立。南宋端平元年(公元1234年)，蒙古兵攻破罗田县城，县治迁往鹰山寨(今英山县城)。南宋咸淳六年(公元1270年)划出县东的直河乡置英山县，罗田县复治魁山，罗田县仍属淮南西路蕲春郡。后兵乱县废。

元初，曾撤销罗田县，以英山县领属。元至元十二年(公元1275年)，蕲州知府以城降元，罗田县在原址复立，属河南江北行省蕲州路。元大德八年(公元1304年)，知县周广将县治由魁山迁至官渡河(即县城凤山镇)。元至正二十四年(公元1364年)，改蕲州路为蕲州府。罗田隶湖广行省蕲州府。

明洪武九年(公元1376年)，蕲州府降为州，罗田隶之。洪武十一年(公元1378年)罗田直隶湖广行省黄德道黄州府。后改隶河南布政使司黄州府。洪武二十四年(公元1391年)，隶湖广布政使司黄州府。

清代，罗田先隶湖广行省汉黄德道黄州府。雍正七年(公元1729年)改汉黄德道为黄德道，罗田隶属湖广行省黄德道黄州府。

中华民国元年(公元1912年)，废黄州府。1914年，省下设道，罗田隶属于湖北省江汉道。1926年撤销道，县直属省。1932年，省与道之间设置行政督察区，罗田时属湖北省第三行政督察区。1933年，区署自蕲州迁黄州，罗田隶之。1940年，省政府设鄂东行署，罗田隶之。1942年鄂东行署迁移至三里畈。1945年行署撤，恢复行政督察区，罗田隶属于第二行政督察区，区署黄州。

中华人民共和国成立之初，罗田隶于湖北省黄冈专员公署。1968年成立黄冈地区革命委员会。1978年11月更名黄冈地区行政公署，罗田隶之。1995年12月，黄冈地区行政公署撤销，设立地级黄冈市，罗田隶属于黄冈市。[1]

第二节　罗田县博物馆历史沿革

罗田县博物馆(图1-1)，位于湖北省黄冈市罗田县凤山镇文庙街25号，占地面积1 200平方米，建筑面积500平方米，属地方综合性博物馆。罗田县博物馆于1997年7月1日正式对外开放，2018年9月被中国博物馆协会评定为国家三级博物馆。

罗田县博物馆的前身是罗田文庙的大成殿。文庙又称“孔庙”“夫子庙”“文宣王庙”等，是祭祀中国古代儒家学派创始人孔子的纪念性建筑。《史记·孔子世家》载：“故所居堂、弟子内，后世因庙，藏孔子衣冠琴车书，至于汉二百馀年不绝。”[2]公元前478年，即孔子逝世的第二年，鲁哀公将孔子故居立为祭祀他的场所，并陈列孔子生前所用“衣冠琴车书”，以供后人祭祀与纪念，这是我国第一座孔庙。此后的两千多年，历朝历代统治者对儒家学说大力推崇，不断提升孔子地位。全国各地也不断兴建文庙，至明清时期，县治及其以上，每城必有文庙，府、县共处一城的还分别建有府文庙和县文庙。[3]在两千多年的发展中，文庙的功能从最初单纯用以祭祀孔子，到后来产生因文庙而设立学校或因学校而设立文庙的“庙学合一”制度，历史上许多名儒名贤也被请进文庙加以祀奉，使得文庙的内涵不断扩大。[4]

图 1-1　罗田县博物馆

罗田文庙(图 1-2 所示为光绪《罗田县志》中记载的罗田文庙)始建于元大德八年(公元 1304 年)，是一处包括先师庙、明伦堂、戟门、棂星门、泮池、至圣坊、进德斋等在内的建筑群。几百年来，罗田文庙历经多次毁坏与修缮。中华人民共和国成立后，由于基础设施建设等需要，文庙的其他附属建筑相继拆迁，现仅存同治八年(公元 1869 年)重修的大成殿(图 1-3)。

随着我国古代封建制度的消亡，文庙所承担的巩固封建统治的功能也随之终结，但其承载的儒家优秀传统文化仍然在新时代的人才培养与道德教化中发挥着重要的作用。罗田县博物馆以罗田文庙为馆址，依托罗田文庙收藏与展示当地出土文物，并承担着保护历史建筑与传播罗田文庙文化的责任。罗田文庙大成殿于 2002 年被列为第四批湖北省文物保护单位。

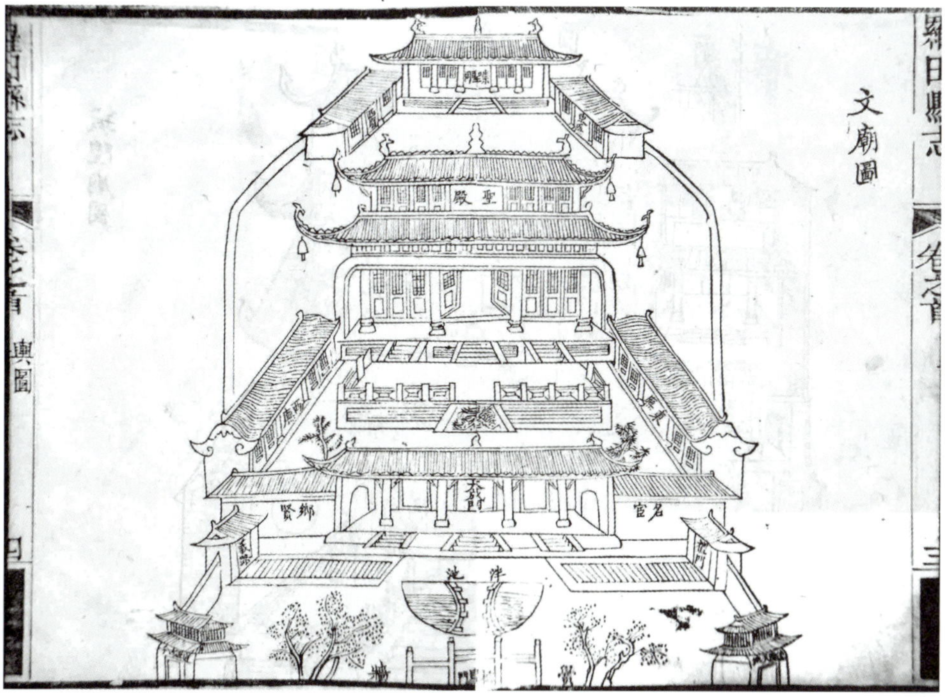

图 1-2　罗田文庙

图 1-3　罗田文庙大成殿(摄于 1985 年)

罗田县博物馆为砖木结构，重檐歇山顶，后面为花园，前面为文化广场。罗田县博物馆于大成殿一楼常设“罗田文庙文化展”，二楼以前用于陈列罗田县博物馆馆藏文物。目前出于对古建筑的保护，已将二楼的文物转移至库房，待新馆建设完成后再进行陈列。

罗田县作为千年古县、文化大县、旅游强县，近 1 500 年的建县史，创造了璀璨的历史文明，留下了极其丰富的文物资源。罗田县博物馆始终坚持为人民服务，为社会主义文化建设服务，植根罗田大地，与其他有关部门积极合作，努力让“博物馆的力量”渗透进千家万户，形成建设文化强县、推动罗田经济社会高质量发展的坚强动力。

第三节　罗田县博物馆藏品状况

罗田县博物馆现有藏品共计 8 883 件(套)，其中，一级文物 1 件(套)、二级文物 17 件(套)、三级文物 161 件(套)。藏品主要通过征集、考古发掘、收购等途径获得。罗田县博物馆藏品分为传世文物、出土文物、革命文物三大类，主要有石器、铜器、陶瓷器、铁器、木雕、石雕、石刻、金银锡器、玉器、字画、古书、钱币等，以青铜器、陶瓷器为主。

罗田县博物馆的藏品多出土于罗田本地，新石器时代的陶纺轮，西周时期的青铜鼎(图 1-4、图 1-5)、簋(图 1-6)、甬钟(图 1-7)，战国时期的青铜矛(图 1-8)、剑(图 1-9)、戈(图 1-10)，汉代的铜蚕，西晋的青釉瓷水注(图 1-11)，隋唐五代的青瓷与白瓷执壶，北宋的青白瓷子母粉盒、梅瓶、青白釉执壶(图 1-12)，南宋的四神俑、四神罐、魂瓶、双人首蚕身俑、人首鱼身俑，元明清时期的青花瓷与颜色釉瓷(图 1-13 至图 1-16)等。

图 1-4　西周青铜分裆鼎

图 1-5　西周铜鼎

图 1-6　西周青铜簋

图 1-7　西周青铜甬钟

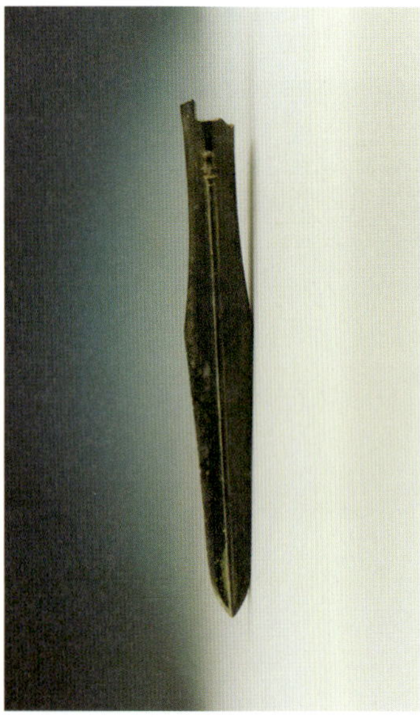
图 1-8　战国青铜矛

图 1-9　战国青铜剑

图 1-10　战国青铜戈

图 1-11　西晋青釉瓷水注

图 1-12　北宋青白釉执壶

图 1-13　元白釉刻花瓷碗

图 1-14　明龙泉窑刻花青釉瓷碗

图 1-15　明霁蓝釉盖罐

图 1-16　清粉彩人物冬瓜瓷罐

第四节　罗田县博物馆馆藏陶瓷文物现实状况

罗田县博物馆现有陶瓷文物共计 498 件(套)，按文物类别分为陶器、瓷器、雕塑与造像、文具。如图 1-17、图 1-18 所示，其中，陶器类文物 251 件(套)，占比 50.4%，包括二级文物 1 件(套)、三级文物 53 件(套)、一般文物 197 件(套)；瓷器类文物共 224 件(套)，占比 45%，包括二级文物 5 件(套)、三级文物 46 件(套)、一般文物 173 件(套)；雕塑与造像 21 件(套)，占比 4.2%，包括一级文物 1 件(套)、二级文物 10 件(套)、三级文物 4 件(套)、一般文物 6 件(套)；文具共 2 件(套)，占比 0.4%，均属于一般文物。

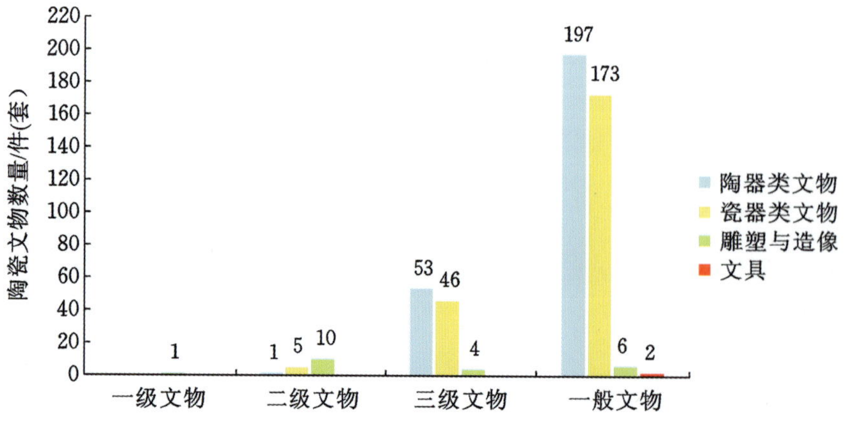

图 1-17　各类陶瓷文物(按文物类别划分)的分级数量分布图

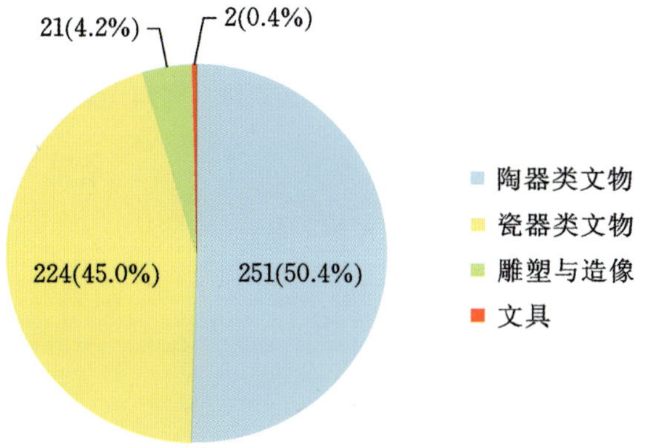

图 1-18　各类陶瓷文物(按文物类别划分)的比例分布图

若按文物质地分类，则陶质文物与瓷质文物分别为 268 件(套)与 230 件(套)。如图 1-19 所示，其中，陶质文物中一级文物 1 件(套)、二级文物 11 件(套)、三级文物 55 件(套)、一般文物 201 件(套)；瓷质文物中二级文物 5 件(套)、三级文物 48 件(套)、一般文物 177 件(套)。

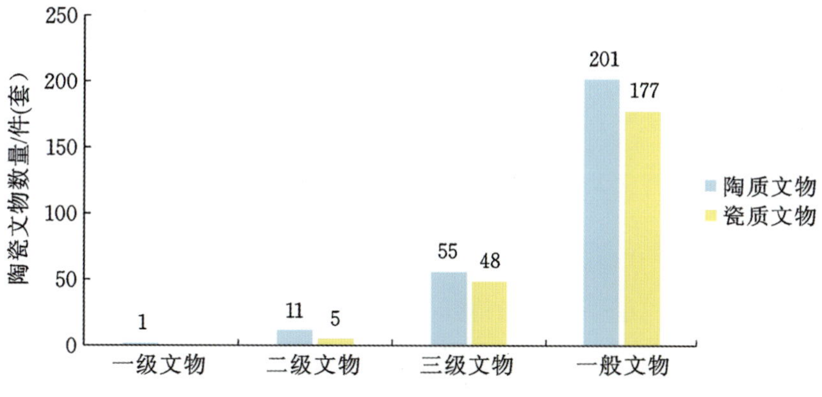

图 1-19　各类陶瓷文物(按质地分类)的分级数量分布图

罗田县博物馆馆藏的 498 件(套)陶瓷文物的完残情况如图 1-20 所示。其中，严重残缺的陶瓷文物 77 件(套)，包括陶质文物 61 件(套)，瓷质文物 16 件(套)；残缺的陶瓷文物 105 件(套)，包括陶质文物 53 件(套)，瓷质文物 52 件(套)；基本完整的陶瓷文物 189 件(套)，包括陶质文物 87 件(套)，瓷质文物 102 件(套)；完整的陶瓷文物 127 件(套)，包括陶质文物 67 件(套)，瓷质文物 60 件(套)。

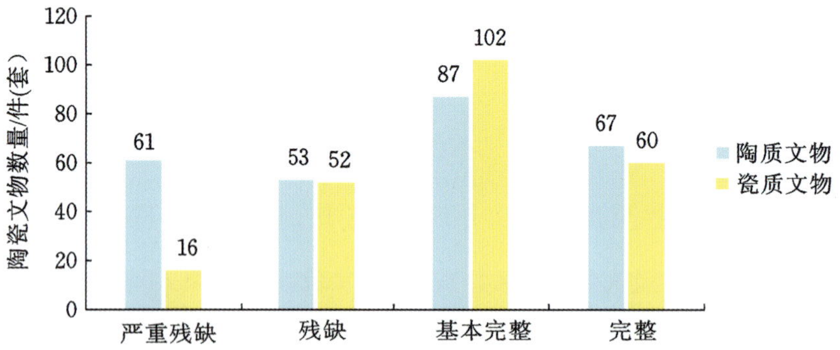

图 1-20　各类陶瓷文物(按质地分类)的完残情况图

罗田县博物馆馆藏的陶瓷文物年代跨度大，由于部分文物的年代无法确认是春秋还是战国时代，在断代的情况下将其归为东周。下列统计中将年代为春秋、战国与东周的文物年代统一归属于东周。以此类推，将唐、唐五代的文物藏品归类为唐五代时期，将文物断代中宋、北宋、南宋的文物藏品统一为宋代，将明、清与明清时期的文物藏品年代统一为明清时期。

如图 1-21 所示，新石器时代的陶瓷文物 34 件(套)，均为陶器类文物；西周时期的陶瓷文物 62 件(套)，均为陶器类文物；东周时期的陶瓷文物 55 件(套)，均为陶器类文物；汉代陶瓷文物 6 件(套)，均为陶器类文物；西晋时期的陶瓷文物 1 件(套)，为瓷器类文物；唐五代时期的陶瓷文物 15 件(套)，包括陶器类文物 2 件(套)、瓷器类文物 9 件(套)、雕塑与造像 4 件(套)；宋代陶瓷文物 120 件(套)，包括陶器类文物 56 件(套)、瓷器类文物 49 件(套)、雕塑与造像 15 件(套)；元代陶瓷文物 29 件(套)，包括陶器类文物 2 件(套)、瓷器类文物 26 件(套)、雕塑与造像 1 件(套)；明清时期的陶瓷文物 174 件(套)，包括陶器类文物 34 件(套)、瓷器类文物 137 件(套)、雕塑与造像 1 件(套)、文具 2 件(套)；中华民国时期(1912 年 1 月至 1949 年 9 月)陶瓷文物 2 件(套)，均为瓷器类文物。

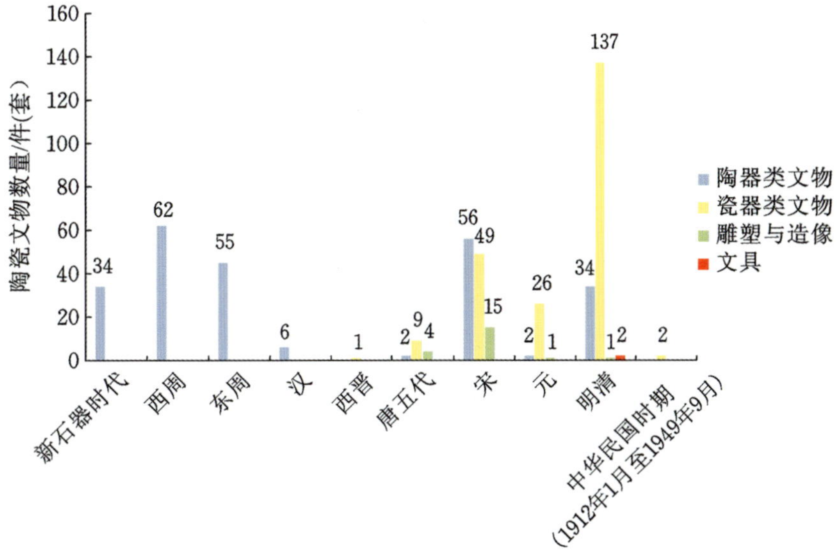

图 1-21　各类陶瓷文物(按文物类别划分)的时代分布图

罗田县博物馆馆藏陶瓷文物来源主要分为旧藏、发掘、采集、征集购买、接受捐赠、拨交、移交等。如图 1-22 所示，其中，旧藏 13 件(套)，发掘 238 件(套)，采集 101 件(套)，征集购买 132 件(套)，接受捐赠 1 件(套)，拨交 9 件(套)，移交 4 件(套)。

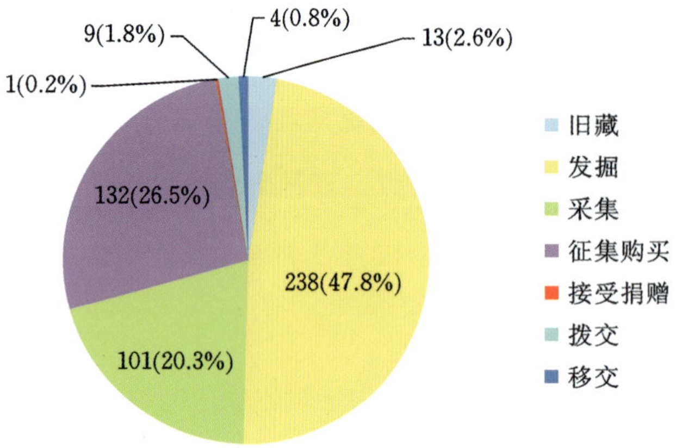

图 1-22　陶瓷文物来源情况分布图

第五节　罗田县博物馆库房条件

罗田县博物馆库房包括藏品区 3 间、资料室 1 间、安保室 2 间，面积总计 255 平方米。罗田县博物馆库房严格按照《博物馆藏品管理办法》的各项规定进行管理，凡入库文物按质地分类入柜架囊匣，一、二级文物放入保险柜。罗田县博物馆藏品保管工作坚持“鉴定明确、账目清楚、编目详明、保管妥当、制度健全、查用方便”这 24 字藏品管理工作方针；同时对破损的陶器、瓷器进行修复，铜器进行去锈处理；对纸质、竹木文物藏品采取除虫、防虫、防霉等保护措施；保持库房清洁，适时开窗降温、除湿等。

罗田县博物馆始终将文物藏品安全作为工作的重点来抓，按照《博物馆安全保卫工作规定》等要求，安排专职保护员和外聘保安，实行 24 小时不间断轮流值守。库房内外安装有红外线报警装置、全方位监控摄像系统等设备，并与保安公司联网。采取以人防为主，物防、技防相结合的安全防范措施，确保馆藏文物的安全。但由于中小博物馆在财政资金、人力资源、技术设施等方面的局限性，罗田县博物馆库房条件还存在一定的改善空间。当前罗田县博物馆存放文物的库房环境简陋(图 1-23)，无法做到器物间避免碰撞，且库房内无通风及温湿度智能感控设备，罗田冬夏较大的温差以及夏季极度潮湿的环境对陶瓷器保存具有一定程度的影响。

图 1-23　罗田县博物馆文物库房实景图

第六节　罗田县博物馆展览与宣教成果

一、基本陈列

“罗田县出土文物陈列展”于1997年7月正式对外开放，采用分类陈列形式，展示有新石器时代的石器、陶器，商周时期的青铜器、陶器，秦汉至宋元明清各时期的铜器、铁器、陶器、瓷器以及辅助展品。陈列面积220平方米，展出藏品110余件。目前由于保护古建筑的需要，以及新馆正在筹备阶段，暂将“罗田县出土文物陈列展”的展品置于库房，未来将以全新的形式出现于新馆。

“罗田县革命斗争史展”于2001年7月正式对外开放，展示有1924—1949年在中国共产党领导下进行革命斗争的革命先辈的文物以及战争遗址、遗迹照片，加以辅助展品，陈列面积250平方米，展出藏品80余件。考虑到省级文物保护单位——文庙大成殿的安全，该陈展于2005年9月撤销。

二、专题陈列

罗田县博物馆在开放之初，先后举办过“香港回归祖国大型图片展览”“人民的好总理周恩来诞辰100周年图片展览”“历代帝王塑像展览”“庆祝建国50周年书法、摄影作品展览”“科普展览”“何建明绘画艺术作品展览”等短期的专题展览共计60多场次。2005年为配合罗田县进行共产党员先进性教育、红色旅游活动，罗田县博物馆将“罗田县革命斗争史展”制作成活动版面，深入全县各乡镇及旅游景区进行巡回展出，同时由本馆研究人员作革命传统教育报告共70多场次。

近年来罗田县博物馆立足于本土文化，借助每年的5·18国际博物馆日、文化和自然遗产日，以及建党一百周年等重要节日举办专题展览，展示罗田深厚的历史文化底蕴，增强人们的文化自信和对家乡强烈的自豪感，如“罗田历史名人展”“黄冈市革命遗址遗迹保护条例宣传展”“记忆中的罗田文庙”“罗田进士知多少”“罗田县革命遗址遗迹宣传”“罗田历史清正廉能人物展”“罗田县革命遗址遗迹名录”“罗田县非物质文化遗产展”“罗田革命文物图片展”等展览。其中，“罗田历史清正廉能人物展”是罗田县博物馆结合罗田县第二十个党风廉政建设宣传教育日与国际博物馆日推出的专题展览，该展览列举了十位罗田历史廉能人物的生平事迹，并策划、设计、制作了图文并茂的系列展牌。

2020年的5·18国际博物馆日，罗田县博物馆举办的部分展览的海报见图1-24。2022年的文化和自然遗产日，罗田县博物馆以图片形式在微信公众号上展出罗田长江流域文物资源专项调查的部分文物，使读者透过图片感受文化和自然遗产传承的持久魅力。

2022年的5·18国际博物馆日，历时两年筹备策划的“罗田文庙文化展”亮相于大成殿(图1-25、图1-26)。“罗田文庙文化展”将罗田文庙历史与中华优秀传统文化巧妙结合，形成了以罗田文庙文化为主题的文化展。该展览陈列内容分为三部分，第一部分“文庙溯源”，总体介绍了我国古代文庙的发展历程、五大文庙及“庙学一体”的规制；第二部分“罗田文庙”，介绍了罗田文庙的历史沿革、罗田文庙的布局及附属建筑物、文庙功能；第三部分“文庙影响”，展出了罗田的耕读遗迹、历史名人先贤和进士名录。罗田县博物馆立足于当地深厚的文化底蕴，致力于守护和弘扬中华优秀传统文化，助力文化强县建设，充分发挥罗田文庙爱国主义教育基地的作用，促进广大青少年树立正确的世界观、人生观、价值观。

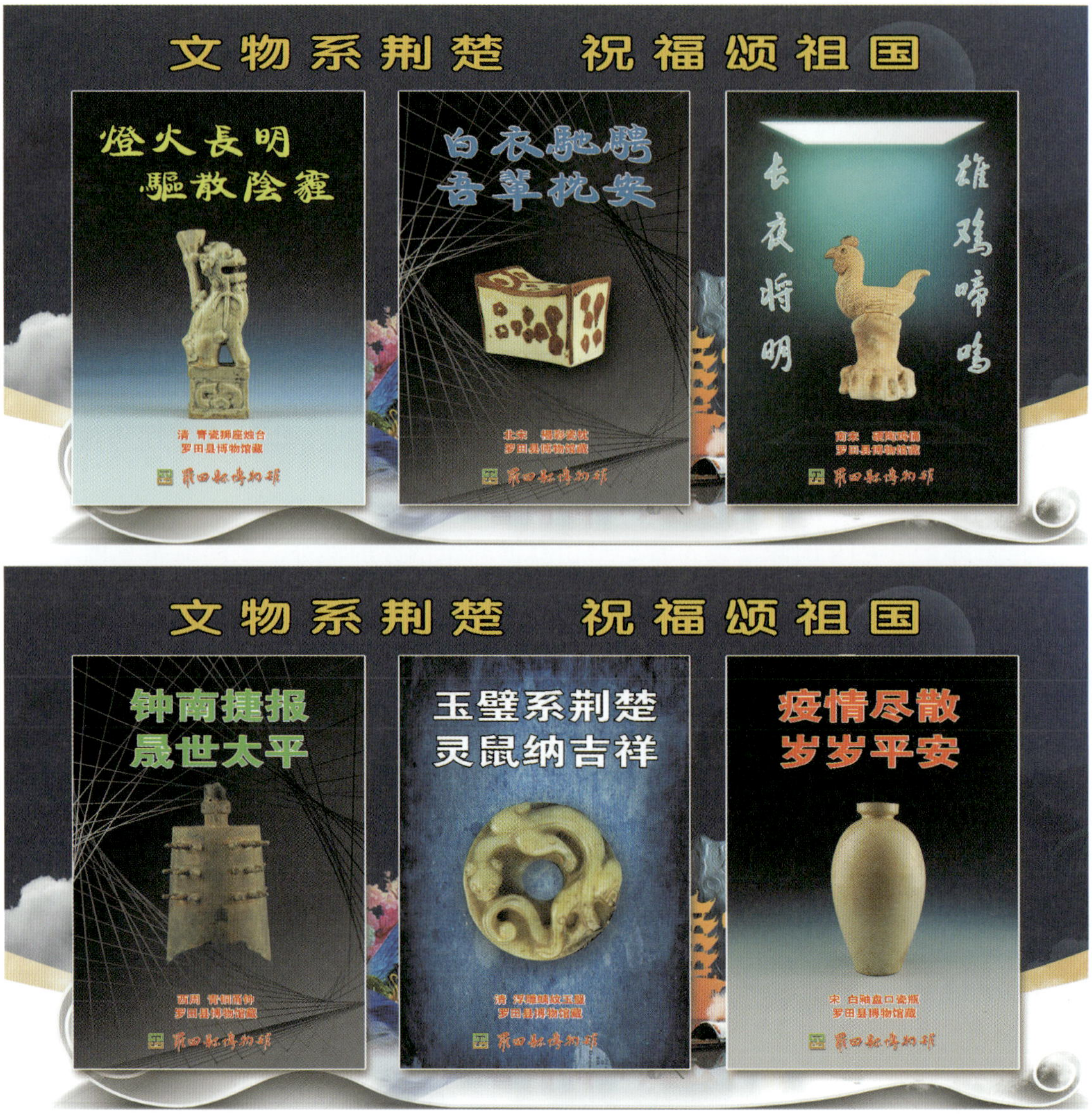

图 1-24 罗田县博物馆展览海报

图 1-25 “罗田文庙文化展”开幕仪式

图 1-26 “罗田文庙文化展”展厅内场

三、宣教成果

罗田县博物馆积极履行社会及教育职责，主导或与其他机构合作举办主题活动，加强与社会公众的联系，以转变传统博物馆单向输出的信息传播方式。例如，在2019年文化和自然遗产日，罗田县博物馆将“罗田县非物质文化遗产展”移至附近学校(图 1-27)，并与罗田县文化馆联合举办“巧手牵小手，非遗进校园”活动，为小学生上非遗课，教授剪纸技术(图 1-28)。

图 1-27 “罗田县非物质文化遗产展”进校园

图 1-28 “巧手牵小手，非遗进校园”活动

2020 年 9 月 27 日，罗田县博物馆与罗田县图书馆联手，让孩子们走进博物馆，了解我国传统的生肖文化，同时书法家现场讲解书法知识并指导孩子们进行书法体验，使孩子们于无形中感受到文化的熏陶(图 1-29 至图 1-32)。

图 1-29　罗田县博物馆社会教育活动

图 1-30　生肖文化讲解活动

图 1-31　书法知识讲授活动

图 1-32　书法体验活动

在传统博物馆线下展览的基础上，罗田县博物馆依托信息技术推出线上云展览，观众可通过“罗田县博物馆”微信公众号进入云展馆VR线上展览厅（图1-33）参观。

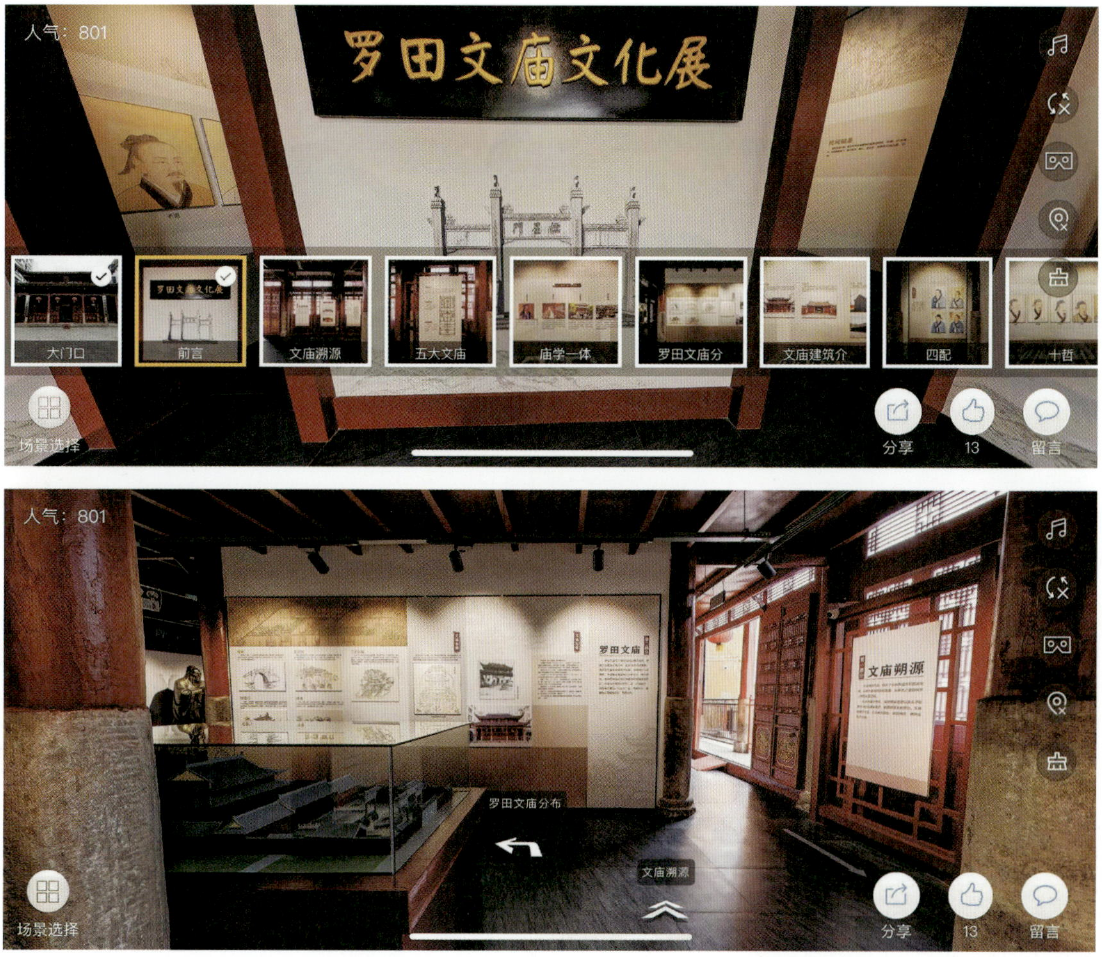

图1-33　罗田县博物馆VR线上全景展览（局部）

第二章
罗田县博物馆馆藏陶瓷文物保护修复措施

第一节　项目概述

罗田县博物馆馆藏陶瓷文物器形丰富、年代跨度大，是罗田地区各个时期社会发展水平、文化交流状况、社会风俗习惯的见证。罗田县博物馆馆藏的史前时期陶纺轮，作为农业文明的一种象征，是我国纺织业产生与发展的最初见证；南宋时期的四神俑与十二生肖俑，既体现了古人对宇宙四时的探索，也体现了他们对生命归处的思考；数量可观的宋代执壶，是当时饮酒与饮茶方式的物质体现，同时也是罗田人民追求高质量精神文化生活的体现。

罗田县博物馆馆藏陶瓷质地文物藏品共计498件(套)，据调查统计，其中需要进行修复的陶瓷文物近200件(套)。为了更好地保护这些文物，同时也为了丰富博物馆展览展品，罗田县博物馆向上级主管部门申请陶瓷保护修复。2020年12月，湖北省文化和旅游厅批复“罗田县博物馆馆藏珍贵陶瓷器文物保护修复项目”立项(鄂文旅函〔2020〕259号)。2021年12月，罗田县博物馆委托原湖北省文物交流信息中心编制“罗田县博物馆馆藏珍贵陶瓷器文物保护修复方案”，并上报湖北省文化和旅游厅进行审核批复。根据湖北省文化和旅游厅《关于罗田县博物馆馆藏珍贵陶瓷器保护修复方案的批复》(鄂文旅函〔2021〕23号)要求(见图2-1)，罗田县博物馆委托原湖北省文物交流信息中心对上述方案进行修改完善，并上报湖北省文化和旅游厅审核备案。2021年2月，湖北省财政厅下发“罗田县博物馆馆藏珍贵陶瓷文物保护项目”资金30万元。2021年7月，罗田县博物馆严格按照政府采购相关程序，对该项目进行了公开招标，通过采用单一来源采购方式，原湖北省文物交流信息中心成为中标单位。

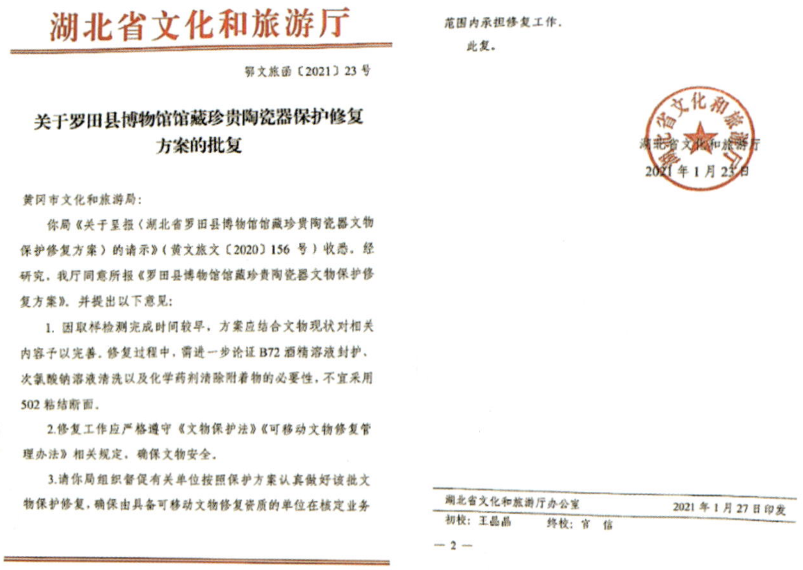
湖北省文化和旅游厅

鄂文旅函〔2021〕23 号

关于罗田县博物馆馆藏珍贵陶瓷器保护修复方案的批复

黄冈市文化和旅游局：

你局《关于呈报〈湖北省罗田县博物馆馆藏珍贵陶瓷器文物保护修复方案〉的请示》（黄文旅文〔2020〕156 号）收悉。经研究，我厅同意所报《罗田县博物馆馆藏珍贵陶瓷器文物保护修复方案》，并提出以下意见：

1. 因取样检测完成时间较早，方案应结合文物现状对相关内容予以完善。修复过程中，需进一步论证 B72 酒精溶液封护、次氯酸钠溶液清洗以及化学药剂清除附着物的必要性，不宜采用 502 粘结断面。

2.修复工作应严格遵守《文物保护法》《可移动文物修复管理办法》相关规定，确保文物安全。

3.请你局组织督促有关单位按照保护方案认真做好该批文物保护修复，确保由具备可移动文物修复资质的单位在核定业务范围内承担修复工作。

此复。

湖北省文化和旅游厅

2021 年 1 月 23 日

湖北省文化和旅游厅办公室　2021 年 1 月 27 日印发

初校：王晶晶　终校：官　信

— 2 —

图 2-1　项目批复文件

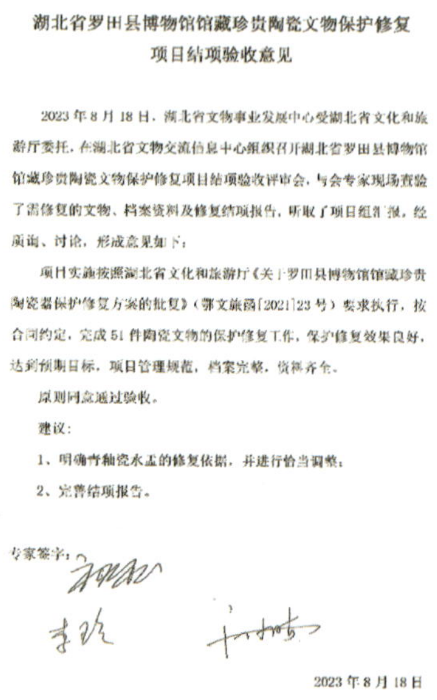
湖北省罗田县博物馆馆藏珍贵陶瓷文物保护修复项目结项验收意见

2023 年 8 月 18 日，湖北省文物事业发展中心受湖北省文化和旅游厅委托，在湖北省文物交流信息中心组织召开湖北省罗田县博物馆馆藏珍贵陶瓷文物保护修复项目结项验收评审会，与会专家现场查验了需修复的文物、档案资料及修复结项报告，听取了项目组汇报，经质询、讨论，形成意见如下：

项目实施按照湖北省文化和旅游厅《关于罗田县博物馆馆藏珍贵陶瓷器保护修复方案的批复》（鄂文旅函[2021]23 号）要求执行，按合同约定，完成 51 件陶瓷文物的保护修复工作，保护修复效果良好，达到预期目标，项目管理规范，档案完整，资料齐全。

原则同意通过验收。

建议：

1、明确青釉瓷水盂的修复依据，并进行恰当调整；

2、完善结项报告。

专家签字：

2023 年 8 月 18 日

图 2-2　项目结项验收意见

2021 年 9 月至 2023 年 6 月，原湖北省文物交流信息中心对本项目中的陶瓷文物实施保护修复，修复对象原本包含 48 件(套)陶瓷文物，后因罗田县博物馆展陈需要，额外增加了 3 件(套)破损器物，共计 51 件(套)，包括二级文物 2 件(套)、三级文物 16 件(套)和一般文物 33 件(套)。本项目保护修复工作主要包括清洗、加固、粘接、补配、修整、作色、补绘及档案整理等。2023 年 8 月 18 日，湖北省文物事业发展中心受湖北省文化和旅游厅委托，组织专家对湖北省罗田县博物馆馆藏珍贵陶瓷文物保护修复项目进行验收评审，与会专家一致同意通过验收(见图 2-2)。

第二节　现状调查

一、基本信息

本项目中的陶瓷文物共51件(套)，年代跨度大，其中最早的为新石器时代陶器，最晚可见清代瓷器，尤以宋代瓷器为多。如图2-3所示，新石器时代的陶瓷文物1件(套)，西周时期的陶瓷文物1件(套)，东周时期(包括战国时代)的陶瓷文物4件(套)，西晋时期的陶瓷文物1件(套)，唐代的陶瓷文物2件(套)，宋代(包括文物断代中显示宋、北宋、南宋)的陶瓷文物22件(套)，元代的陶瓷文物3件(套)，明代的陶瓷文物13件(套)，清代的陶瓷文物4件(套)。本项目中的陶瓷文物分级情况详见图2-4，其中二级文物2件(套)，三级文物16件(套)，一般文物33件(套)。

本项目中的陶瓷文物种类丰富，陶器有壶、钫、鼎、盘、豆、纺轮等。瓷器有碗、碟、盘、罐、瓶、壶类器物等，其中以碗与瓷壶为多，瓷壶包括盘口壶、鸡首壶、温酒壶以及执壶，加之东周时期的方形壶(被称为钫)与圆形壶，可以进一步探索古代陶瓷质壶类器物从侈口、喇叭口向盘口造型演变，从无流无柄向有流有柄的造型演变的动因；装饰工艺丰富，有划花、印花、彩绘、堆塑等装饰工艺，其中，不少碗被装饰成葵口花边；品种多样，陶器品种有白陶、红陶和硬陶、彩绘陶等，瓷器品种有青瓷、白瓷、青白瓷、颜色釉瓷(包括霁蓝釉、酱釉)及彩绘瓷(青花瓷)等。

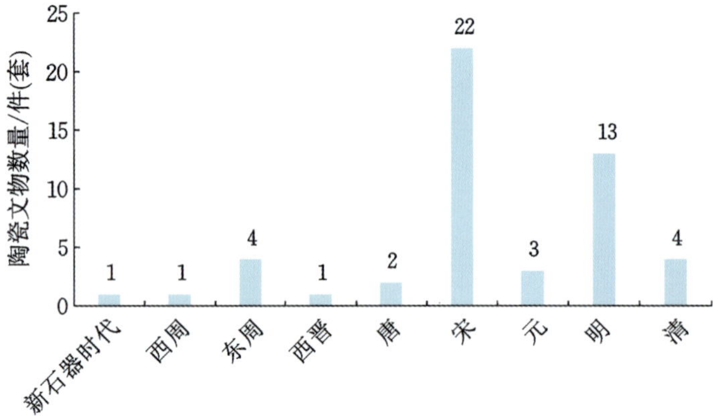

图 2-3　本项目中的陶瓷文物年代分布图

本项目中的 51 件(套)陶瓷文物主要来源包括旧藏、发掘、采集、征集购买、拨交、移交，以采集、发掘、征集购买为主，如图 2-5所示。

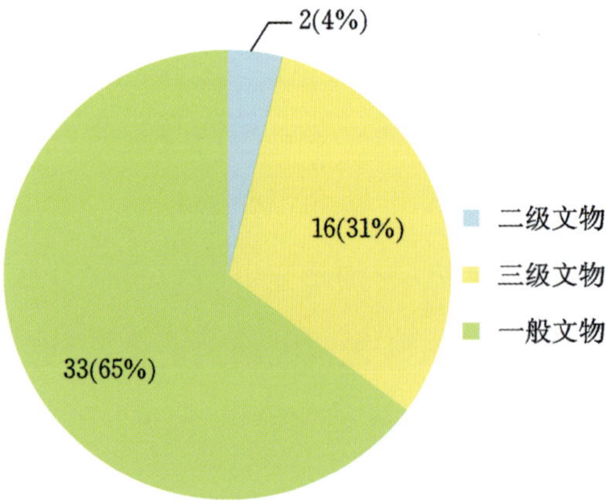

图 2-4　本项目中的陶瓷文物分级分布图

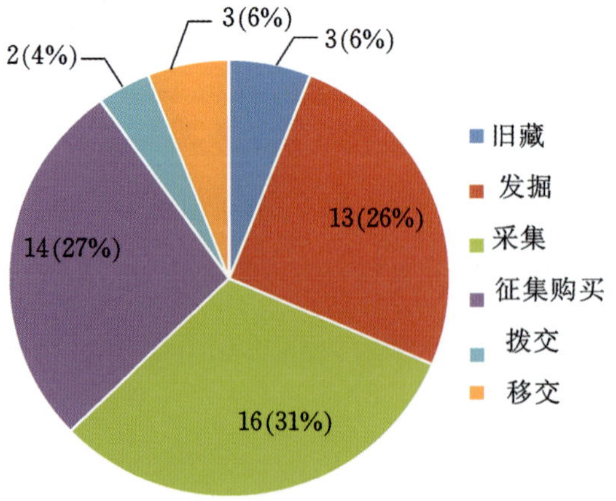

图 2-5　本项目中的 51 件(套)陶瓷文物来源情况

本项目中的陶瓷文物主要来源于匡河汪家桥宋墓、凤山镇丰衣坳村金钩岭（迎宾大道）程氏祖墓、凤山镇丰衣坳村二组墓葬、北丰河一带（包括北丰李家坪村李家塆、北丰李家楼村）、凤山镇石源河月形塘遗址，具体来源情况见表 2-1。

表 2-1　本项目中的 51 件（套）陶瓷文物来源情况

藏品编号	藏品名称	来源						入藏年份	具体来源情况
		旧藏	发掘	采集	征集购买	拨交	移交		
00091	青釉划花斗笠瓷碗		√					1984	1984 年汪家桥宋墓出土
00095	硬陶四神罐		√					1984	1984 年汪家桥宋墓出土（后来收集）
00199	青釉划花瓷碗	√						1983	具体来源不详
00225	青釉瓷水注				√			1983	北丰李家楼村出土
00559	陶豆				√			1979	1979 年北丰李家楼村治河造田时出土
00585	白陶盘				√			1979	1979 年北丰李家楼村治河造田时出土
00643	红陶纺轮			√				1990	1990 年在凤山镇石源河月形塘遗址采集
00834	白釉盘口瓷瓶				√			2002	2002 年 10 月 13 日北丰李家坪村李家塆出土
00836	青白瓷子母粉盒				√			2002	2002 年 10 月 13 日北丰李家坪村李家塆出土
00855	霁蓝釉盖罐		√					2011	2011 年 7 月 1 日在凤山镇丰衣坳村金钩岭（迎宾大道）程氏祖墓中出土

续表 2-1

藏品编号	藏品名称	来源						入藏年份	具体来源情况
		旧藏	发掘	采集	征集购买	拨交	移交		
00856	酱釉瓷盖罐		√					2011	2011 年 7 月 1 日在凤山镇丰衣坳村金钩岭(迎宾大道)程氏祖墓中出土
00908	白釉菊瓣纹瓷碗		√					2006	2006 年在匡河乡(2012 年改为匡河镇)施家畈村出土
00921	白釉瓷执壶				√			2013	2013 年 8 月 29 日河铺镇大河埂村村民徐建军送交
00939	白釉瓷碗						√	2013	2013 年 11 月 1 日白庙河镇高山村东铺冲修路时发掘
00950	青白釉瓷执壶		√					2013	2013 年 12 月 28 日凤山镇丰衣坳村二组墓葬出土
00953	耀州窑青釉印花瓷碗		√					2013	2013 年 12 月 28 日凤山镇丰衣坳村二组墓葬出土
00098	青釉葵口瓷碗		√					1984	1984 年汪家桥宋墓出土(后来收集)
00888	青釉高足瓷碗			√				2006	具体来源不详
00088	青釉瓷碟					√		1983	原罗田县文化馆收藏
00090	青釉葵口瓷碗		√					1984	1984 年汪家桥宋墓出土
00105	青釉双系瓷执壶					√		1983	原罗田县文化馆收藏
00108	青瓷盘口壶			√				1989	1989 年大地坳中学处出土(后来收集)

续表 2-1

藏品编号	藏品名称	来源						入藏年份	具体来源情况
		旧藏	发掘	采集	征集购买	拨交	移交		
00110	青瓷瓜棱高颈壶		√					1984	1984 年汪家桥宋墓出土(后来收集)
00176	青瓷堆塑瓶				√			1985	大河岸镇石井头村莲花地出土
00177	霁红大瓷瓶				√			1983	1983 年文物普查时收集(具体地点不详)
00180	白釉盘口瓷瓶				√			1983	桥南村村民在挖地基时发掘
00187	青釉高足瓷碗			√				1983	具体来源不详
00191	青花水波纹高足瓷碗			√				1983	1983 年在城关镇桥南村出土
00200	青釉划花瓷碗	√						1983	具体来源不详
00237	青花花草纹瓷盘				√			1989	标签记录为罗田县城关地区出土，具体地点不详
00238	青花花卉纹瓷盘				√			1989	标签记录为罗田县城关地区出土，具体地点不详
00256	青瓷盘口执壶				√			1990	1990 年在大地坳小学处出土，收集
00538	彩绘平底陶鼎			√				1979	1979 年北丰治河造田时出土，当时的罗田县文化馆干部李芹甫收集

续表 2-1

藏品编号	藏品名称	来源						入藏年份	具体来源情况
		旧藏	发掘	采集	征集购买	拨交	移交		
00581	红陶钫			√				1990	1990 年在北丰河东岸植树挖土时发掘
00582	红陶壶			√				1990	1990 年在北丰河东岸植树挖土时发掘
00668	青釉水波纹高足碗			√				1990	石源河村六小队王厚清挖屋基时发现并送交
00837	白釉划花瓷梅瓶				√			2002	2002 年 10 月 13 日北丰李家坪村李家塆出土
00838	青白釉瓷执壶			√				2001	2001 年 10 月骆驼坳镇徐家塆村出土
00840	青白釉瓷执壶			√				2002	2002 年 10 月 13 日北丰李家坪村李家塆出土
00863	青釉瓷碗		√					2011	2011 年 6 月 26 日在凤山镇丰衣坳村金钩岭(迎宾大道)程氏祖墓中出土
00882	白釉撇口斗笠瓷碗		√					2006	318 国道改线时,在白莲河乡卜钟地村抢救性发掘
00913	青釉瓷碗			√				2001	2001 年 8 月 24 日罗田县电影院安居工程建设时发现
00940	白釉瓷碗						√	2013	2013 年 11 月 2 日白庙河镇高山村东铺冲修路时发掘

续表 2-1

藏品编号	藏品名称	来源						入藏年份	具体来源情况
		旧藏	发掘	采集	征集购买	拨交	移交		
00942	青白釉瓜棱执壶						√	2013	2013 年 11 月 3 日白庙河镇高山村东铺冲修路时发掘
00947	青釉菊瓣水波纹高足瓷碗				√			2013	2013 年 12 月 21 日九资河镇河西畈村二组墓葬出土
01017	青瓷碟		√					2013	2013 年 12 月 28 日凤山镇丰衣坳村二组墓葬出土
01054	青釉斗笠撇口瓷碗			√				1991	具体来源不详
08892	青白釉莲瓣座温壶			√				2013	2013 年 12 月 28 日凤山镇丰衣坳村二组墓葬出土
08897	清青花盖缸			√				2020	匡河镇观音山庙采集
08896	清豆青花双耳瓶			√				2020	匡河镇观音山庙采集
00103	明青瓷灯盏	√						1984	具体来源不详

自 1979 年开始，在北丰河一带治河、造田、植树过程中陆续发现一批文物。本项目中，采集的文物中有 4 件来自北丰河一带（其中 1 件为 1979 年北丰治河造田时发掘，2 件为 1990 年在北丰河东岸植树挖土时发掘，1 件是 2002 年在北丰李家坪村李家塆出土）；征集购买的文物中有 6 件来自北丰河一带（其中 2 件是 1979 年北丰李家楼村治河造田时发掘，3 件是 2002 年在北丰李家坪村李家塆出土，另外 1 件仅显示来自北丰李家楼村，于 1983 年入藏）。

汪家桥宋墓是1983年4月罗田县古庙河公社汪家桥大队社员在自家房后取土降坡时发现，罗田县文管所及时对该墓葬进行了清理发掘，共发现随葬遗物57件，本项目中的文物有5件来源于该墓葬，包括南宋硬陶四神罐。

2011年，凤山镇丰衣坳村金钩岭（迎宾大道）程氏祖墓中出土了数量较多的明代瓷器，本项目中的文物有3件来自程氏祖墓，包括明霁蓝釉盖罐。

2013年12月，对凤山镇丰衣坳村二组墓葬进行发掘时，发现了数件北宋时期瓷器。本项目中，发掘的文物中有3件来自这座墓葬，采集的文物中也有1件来自这座墓葬，部分文物艺术价值较高，比如北宋耀州窑青釉印花瓷碗与北宋青白釉莲瓣座温壶，这件温壶应属景德镇窑产品。

本项目中的文物还有部分是在政府基础设施建设时发现的，如2013年11月在白庙河镇高山村东铺冲修路时挖出的文物上交派出所后，由派出所移交至罗田县博物馆。除部分文物由于年代久远或其他原因而来源不明外，其余皆出自罗田当地。

二、病害情况

这批瓷器多出土于墓葬，由于出土环境与后期保存环境的原因，病害状况不一，主要有缺损、破碎、裂缝、冲口、附着物、不当修复痕迹等。

（一）缺损

缺损，是指器物在埋藏环境中受到外力挤压而缺损。如图2-6至图2-8所示，部分器物缺损范围大，关键部位缺失，补配难度大，需要在价值评估的基础上根据古文献及同时代标准器进行合理修复。

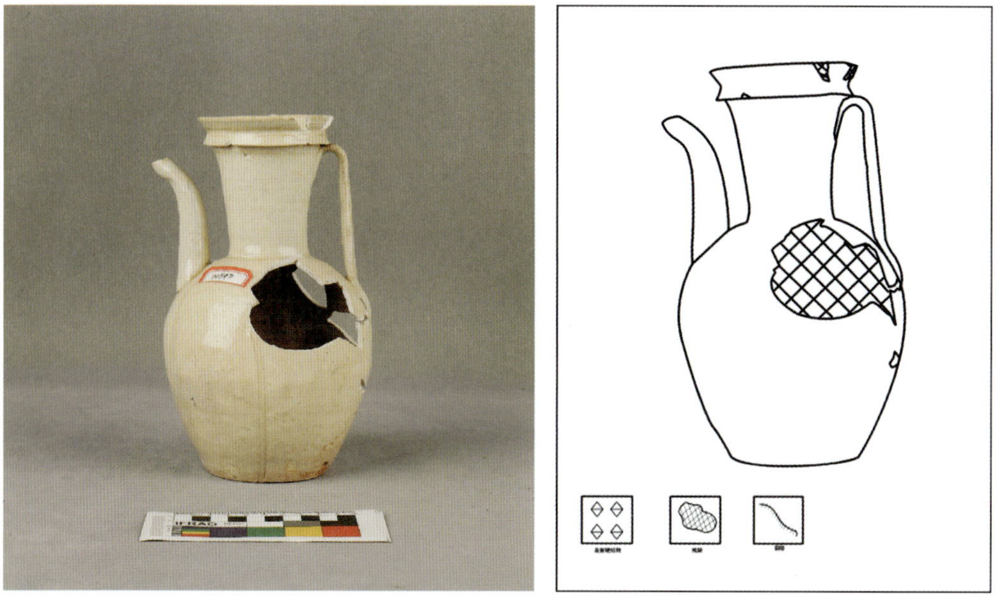

图 2-6　青白釉瓜棱执壶及病害图

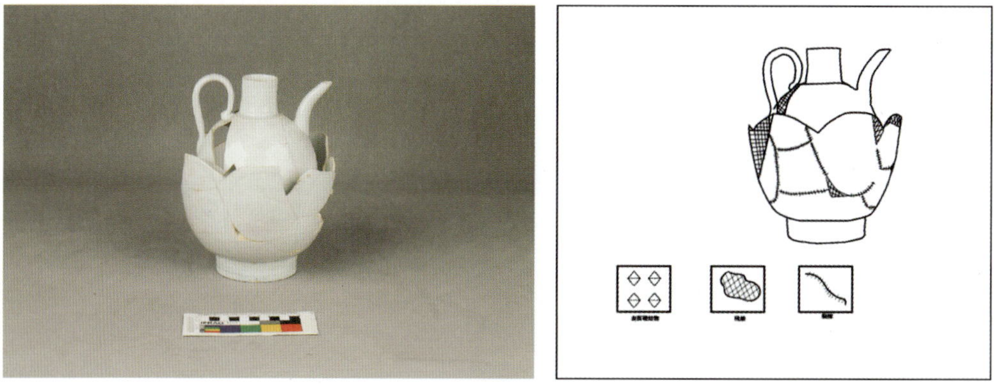

图 2-7　青白釉莲瓣座温壶及病害图

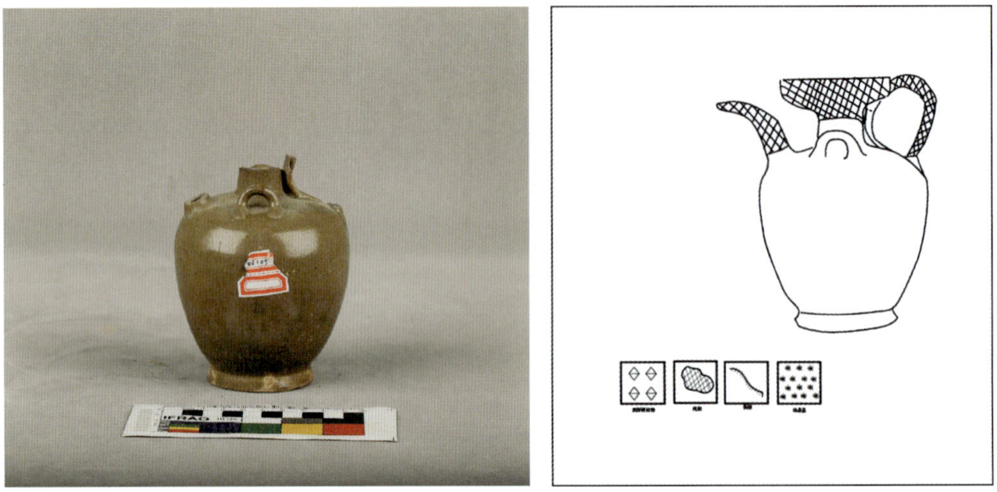

图 2-8　青釉双系瓷执壶及病害图

（二）破碎

破碎，是指器物因外力作用造成的碎裂，个别器物破碎严重，拼接难度较大。

（三）裂缝

裂缝，是指器物因外力作用出现的穿透胎体的纹路，如图 2-9 所示。

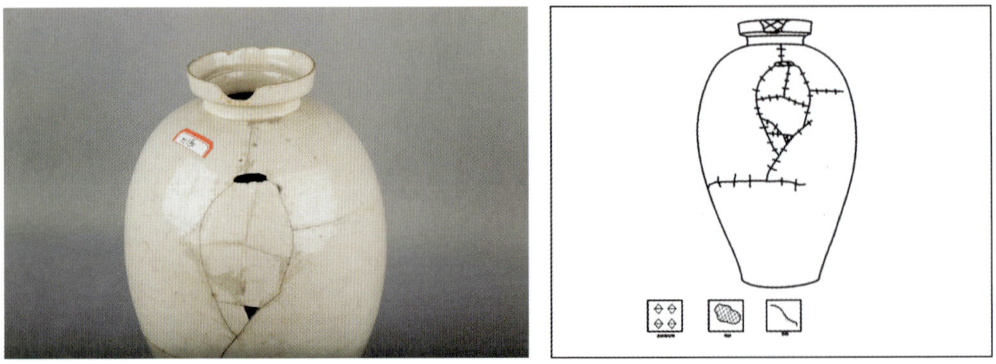

图 2-9　白釉盘口瓷瓶及病害图

(四) 冲口

冲口,是指器物口部因外力作用出现的长短不等、穿透胎体的纹路,如图 2-10、图 2-11 所示。

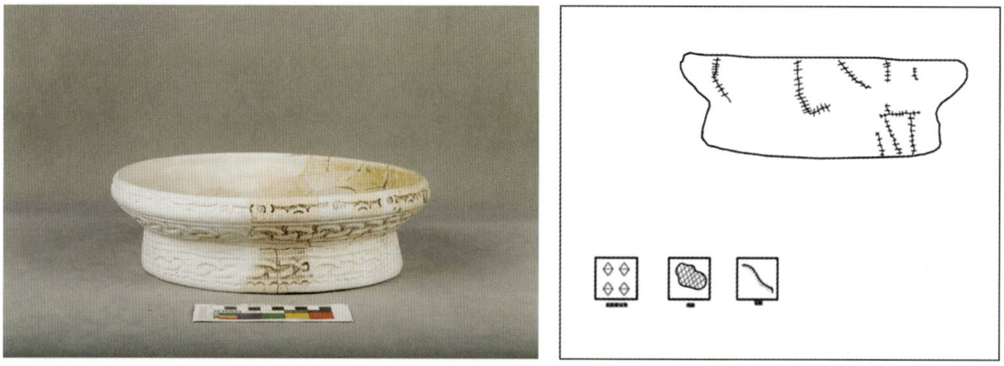

图 2-10　白陶盘及病害图

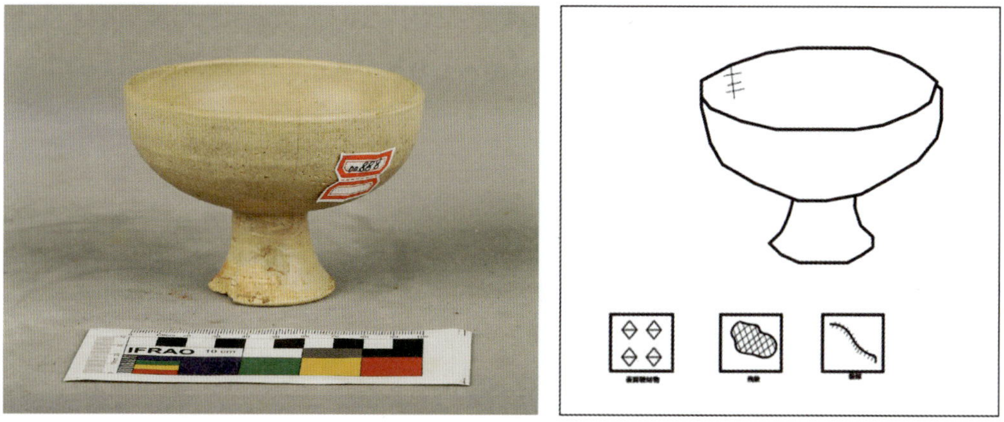

图 2-11　青釉高足瓷碗及病害图

(五) 附着物

附着物,是指出土、出水器物上黏附的影响器物外观的物质。受埋藏环境影响,器物出土时均存在附着物,具体表现为较易清除的浮土,与器物结合较为紧密的土锈或含可溶性盐类的物质,如图 2-12 所示。

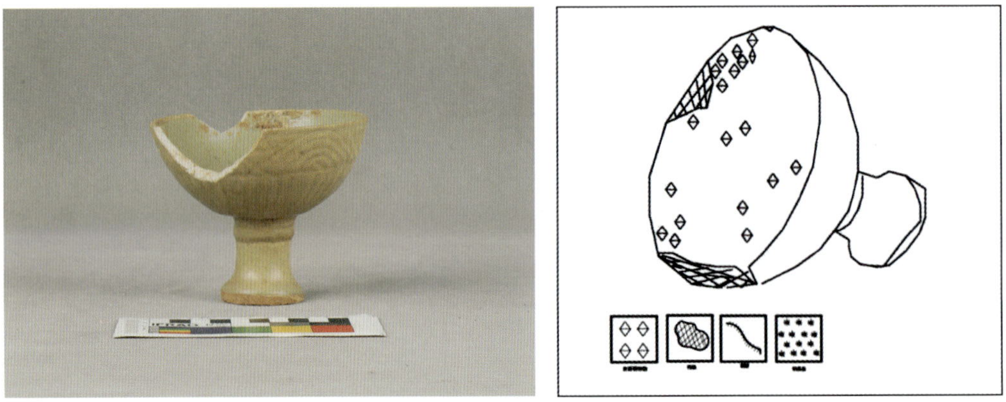

图 2-12　青釉菊瓣水波纹高足瓷碗及病害图

（六）不当修复痕迹

不当修复痕迹，是指由于不当修复造成的损害，或是修复材料老化、变形等现象。其中个别器物大面积缺失，破碎严重，部分器物存在两种或两种以上的病害种类，如图 2-13 至图 2-15 所示。

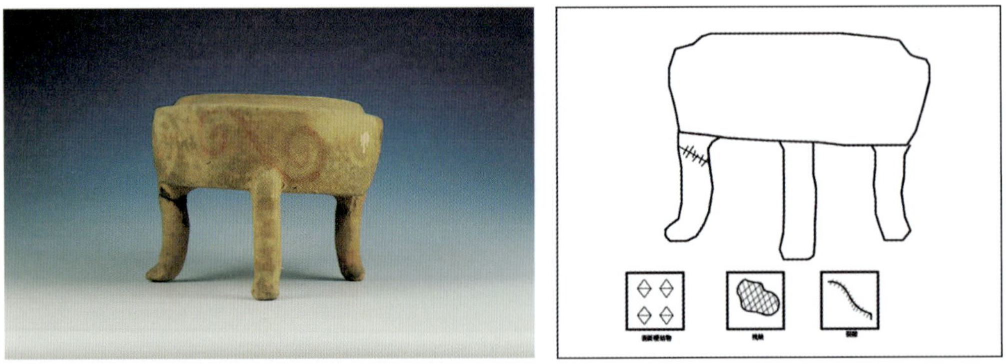

图 2-13　彩绘平底陶鼎及病害图

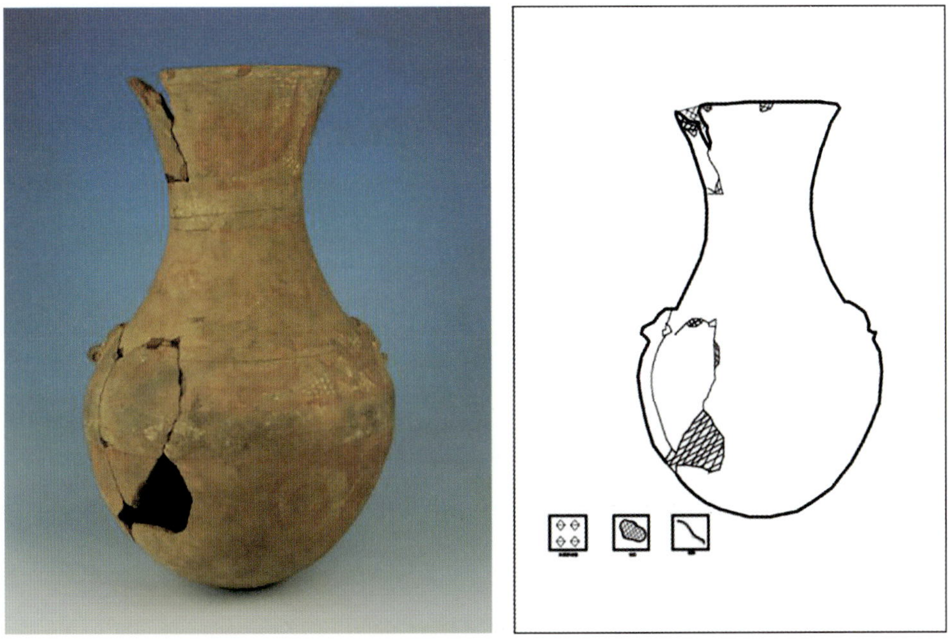

图 2-14　红陶壶及病害图

图 2-15　青釉瓷碟及病害图

三、病害情况统计

本项目中的51件(套)陶瓷文物的病害种类及数量见图2-16,病害统计表见表2-2。大部分器物都存在缺损的状况,部分器物同时存在两种或两种以上病害。

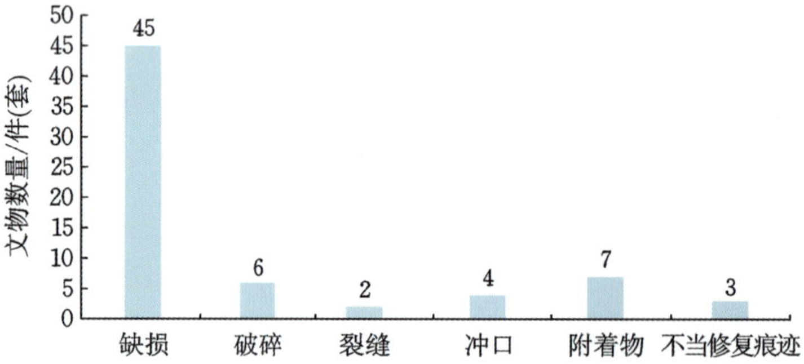

图2-16 本项目中的陶瓷文物病害种类图

表2-2 本项目中的陶瓷文物病害情况统计

藏品编号	藏品名称	病害种类					
		缺损	破碎	裂缝	冲口	附着物	不当修复痕迹
00091	青釉划花斗笠瓷碗	√				√	
00095	硬陶四神罐	√					
00199	青釉划花瓷碗	√				√	
00225	青釉瓷水注	√					
00559	陶豆	√					
00585	白陶盘				√		
00643	红陶纺轮					√	

续表2-2

藏品编号	藏品名称	病害种类					
		缺损	破碎	裂缝	冲口	附着物	不当修复痕迹
00834	白釉盘口瓷瓶	√					
00836	青白瓷子母粉盒	√				√	
00855	霁蓝釉盖罐	√					
00856	酱釉瓷盖罐	√					
00908	白釉菊瓣纹瓷碗	√					
00921	白釉瓷执壶	√					
00939	白釉瓷碗	√					
00950	青白釉瓷执壶	√					
00953	耀州窑青釉印花瓷碗	√				√	
00098	青釉葵口瓷碗	√				√	
00888	青釉高足瓷碗				√		
00088	青釉瓷碟	√					√
00090	青釉葵口瓷碗	√					
00105	青釉双系瓷执壶	√					
00108	青瓷盘口壶	√					
00110	青瓷瓜棱高颈壶	√	√				
00176	青瓷堆塑瓶	√					
00177	霁红大瓷瓶	√					
00180	白釉盘口瓷瓶	√		√			
00187	青釉高足瓷碗	√					

续表2-2

藏品编号	藏品名称	病害种类					
		缺损	破碎	裂缝	冲口	附着物	不当修复痕迹
00191	青花水波纹高足瓷碗	√					
00200	青釉划花瓷碗	√					
00237	青花花草纹瓷盘	√					
00238	青花花卉纹瓷盘	√					
00256	青瓷盘口执壶	√					
00538	彩绘平底陶鼎						√
00581	红陶钫	√	√				
00582	红陶壶	√	√				
00668	青釉水波纹高足碗	√					
00837	白釉划花瓷梅瓶	√					
00838	青白釉瓷执壶	√					
00840	青白釉瓷执壶	√					
00863	青釉瓷碗	√					
00882	白釉撇口斗笠瓷碗	√		√			
00913	青釉瓷碗	√					
00940	白釉瓷碗				√		
00942	青白釉瓜棱执壶	√	√				
00947	青釉菊瓣水波纹高足瓷碗	√				√	
01017	青瓷碟	√					√
01054	青釉斗笠撇口瓷碗	√			√		

续表2-2

藏品编号	藏品名称	病害种类					
		缺损	破碎	裂缝	冲口	附着物	不当修复痕迹
08892	青白釉莲瓣座温壶	√	√				
08897	清青花盖缸		√				
08896	清豆青花双耳瓶	√					
00103	明青瓷灯盏	√					

第三节　检测分析

一、瓷器釉面成分X射线荧光光谱(XRF)分析

由于本项目中的瓷器年代跨度大,所以集中选择了数量较多的宋代瓷器(18件)进行釉面成分分析,基于釉面成分的主量化学组成分析其成色原理,为后期修复中的随色处理奠定基础。

(一) 检测仪器

便携式X射线荧光能谱仪Niton XL3t 950。

(二) 检测方式

由于便携式X射线荧光能谱仪可实现无损检测,故可按藏品编号对其釉面成分进行检测分析。

（三）检测结果与讨论

本项目中的18件宋代瓷器的釉面成分XRF分析检测结果，详见表2-3。

表2-3　本项目中的18件宋代瓷器的釉面成分XRF分析检测结果（质量分数/%）

藏品编号	Al_2O_3	SiO_2	MgO	K_2O	CaO	TiO_2	Fe_2O_3	MnO
00091	5.230	63.159	0.099	1.296	9.723	0.164	2.129	0.061
00834	2.524	63.263	1.023	1.114	11.185	0.025	0.526	0.137
00836	7.899	59.428	0	1.383	15.388	0.020	0.789	0.088
00921	6.619	58.167	1.168	1.290	10.149	0.034	0.945	0.077
00939	9.234	64.221	0	1.403	10.472	0.036	1.379	0.106
00950	6.470	56.103	1.125	1.464	12.483	0.038	1.082	0.101
00953	8.432	65.904	1.433	1.375	10.380	0.022	3.172	0.103
00176	5.098	51.647	0	1.160	14.797	0.087	2.585	0.145
00180	6.652	59.236	0.988	2.092	9.714	0.163	2.452	0.121
00837	2.524	63.263	1.023	1.237	11.185	0.025	0.555	0.176
00838	7.964	59.182	0	1.383	15.388	0.020	0.665	0.056
00840	6.619	58.203	1.177	1.290	10.149	0.034	0.945	0.042
00882	9.007	64.367	0	1.498	10.472	0.036	1.242	0.121
00940	6.873	56.209	1.098	1.365	12.483	0.038	1.082	0.101
00942	8.532	65.976	1.126	1.341	10.380	0.022	3.172	0.109
01017	5.351	51.301	0	1.563	14.797	0.087	2.370	0.127
01054	6.652	59.236	0.988	2.092	9.714	0.163	2.169	0.031
08892	2.524	63.270	1.110	1.114	11.185	0.025	0.209	0.021

瓷器的釉药发展到宋代已有以下两种常用的类型：

一为石灰釉，其主要成分是氧化钙（CaO），起助熔作用。其特点是高温黏度小，易于流釉，一般釉层较薄，釉的玻璃质感强、透明度高，釉面光泽度较强，能清晰地刻划纹饰，南宋以前瓷器大多使用石灰釉。

二为石灰碱釉，其主要成分为助熔物质氧化钙（CaO）以及氧化钾（K_2O）、氧化钠（Na_2O）等碱性金属氧化物。其特点是高温黏度大，不易流釉，可以施厚釉。在高温焙烧过程中，釉中的空气无法浮出釉面而在釉中形成许多小气泡，使釉中残存一定数量的未熔石英颗粒，并形成大量的钙长石析晶。这些小气泡、石英颗粒和钙长石析晶使进入釉层的光线发生散射，因而釉层变得乳浊而不透明，产生一种温润如玉的视觉效果。石灰碱釉的发明与运用，是传统青瓷工艺的巨大进步。石灰碱釉出现于北宋汝窑青瓷中。南宋龙泉窑瓷器大量采用石灰碱釉，使釉色呈现出如青玉般的质感，如粉青、梅子青。可以说，南宋龙泉青瓷已达到中国陶瓷史上单色釉器的顶峰。

结合上述检测结果及所检器物来看，所有器物的主要釉面化学组成为硅（Si）、铝（Al）、钙（Ca），其中编号为00953、00176、01017、01054的器物为青瓷，所以其铁（Fe）元素含量相较其他器物偏高，但仍在青瓷器物常见釉面化学组成的正常范围。将上述检测结果与常见宋代青瓷、青白瓷釉面成分进行比较，发现其主量化学组成与常规宋代青瓷、青白瓷并没有过多的偏差。在后期随色处理时，可考虑根据铁离子（Fe^{2+}、Fe^{3+}）的含量，初步确定随色时的调色倾向。这是因为青瓷、青白瓷文物在制作过程中，其成色主要和参与氧化还原反应的还原剂中的铁离子（Fe^{2+}、Fe^{3+}）含量有关。

二、部分陶瓷器表面的附着物检测分析

由于部分陶瓷器在出土时表面就已经形成比较牢固的附着物，可通过取样分析对其成分进行测定，以确定其是否会对器物造成二次伤害，并且根据结果选择适宜的方法将其去除。部分器物表面附着物检测结果见表2-4至表2-7。

表 2-4　白釉瓷执壶测试报告

藏品编号	00921			样本描述	颈部附着物	
样本照片				测试部位	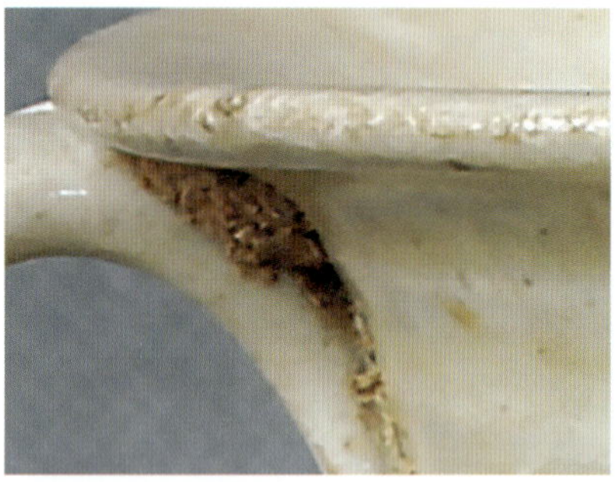	
分析结果	Testing conditions: Live time: 80 s; Processing Time: P2; XGT Dia.: 10 μm; X-ray tube vol.: 50kV; Current: 0.30mA					
	Elem.	Line	Mass[%]	2sigma[%]	Atomic[%]	Intensity[cps/mA]
	13 Al	K	8.58	1.33	10.90	74.86
	14 Si	K	36.99	1.04	45.13	680.92
	15 P	K	7.60	0.60	8.41	191.58
	16 S	K	4.59	0.34	4.90	243.82
	19 K	K	4.63	0.32	4.06	227.63
	20 Ca	K	13.73	0.48	11.74	793.85
	22 Ti	K	2.09	0.20	1.49	155.60

注：测试条件，测试时间 80s；进程模式 P2；检测孔直径 10μm；X 光管电压 50kV；X 光管电流 0.30 mA。

表 2-5　耀州窑青釉印花瓷碗测试报告

藏品编号	00953	样本描述	圈足附着物
样本照片		测试部位	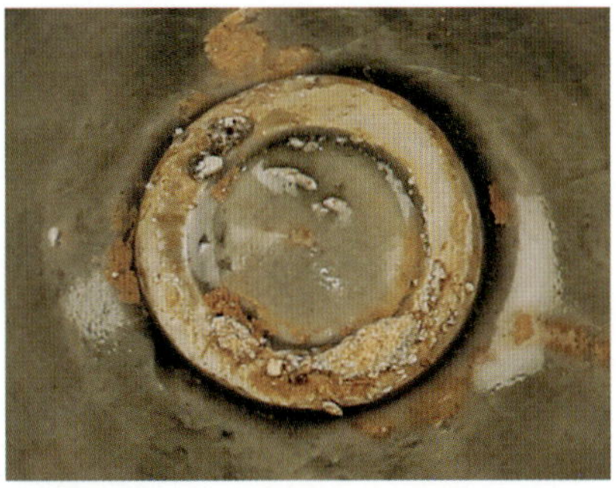

分析结果

Testing conditions: Live time: 80 s; Processing Time: P2;
XGT Dia.: 10 μm; X-ray tube vol.: 50kV; Current: 0.30mA

Elem.	Line	Mass[%]	2sigma[%]	Atomic[%]	Intensity[cps/mA]
13 Al	K	7.68	1.53	10.01	67.03
14 Si	K	34.18	1.13	42.80	653.61
15 P	K	7.33	0.69	8.33	201.1
16 S	K	4.44	0.38	4.87	257.12
20 Ca	K	18.64	0.63	16.36	1273.77
22 Ti	K	2.06	0.20	1.52	165.00
26 Fe	K	25.23	0.65	15.89	4578.15

注：测试条件，测试时间 80s；进程模式 P2；检测孔直径 10μm；X 光管电压 50kV；X 光管电流 0.30mA。

表 2-6　青瓷碟测试报告

藏品编号	01017	样本描述	圈足附着物
样本照片	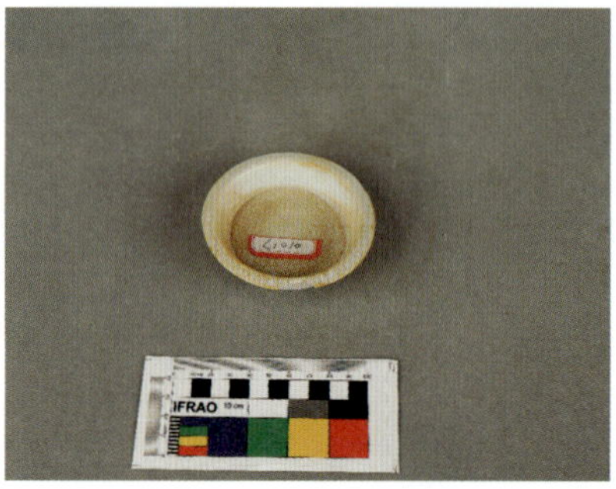	测试部位	

分析结果						
	Testing conditions: Live time: 80s; Processing Time: P2; XGT Dia.: 10μm; X-ray tube vol.: 50kV; Current: 0.24mA					
	Elem.	Line	Mass[%]	2sigma[%]	Atomic[%]	Intensity[cps/mA]
	13 Al	K	6.68	1.47	8.80	61.79
	14 Si	K	32.70	1.08	41.38	677.65
	15 P	K	6.77	0.59	7.78	203.6
	16 S	K	4.18	0.33	4.64	266.98
	19 K	K	4.44	0.32	4.03	261.33
	20 Ca	K	17.62	0.57	15.63	1200.04
	22 Ti	K	2.09	0.21	1.55	172.4
	26 Fe	K	24.99	0.62	15.91	4701.47
	30 Zn	K	0.51	0.09	0.28	107.30

注：测试条件，测试时间 80s；进程模式 P2；检测孔直径 10μm；X 光管电压 50kV；X 光管电流 0.30mA。

表 2-7　青釉斗笠撇口瓷碗测试结果

<table>
<tr><td>藏品编号</td><td colspan="3">01054</td><td>样本描述</td><td colspan="2">圈足附着物</td></tr>
<tr><td>样本照片</td><td colspan="3"></td><td>测试部位</td><td colspan="2"></td></tr>
<tr><td rowspan="11">分析结果</td><td colspan="6">Testing conditions:Live time:80s;Processing Time:P2;
XGT Dia.:10 μm;X-ray tube vol.:50kV;Current:0.14mA</td></tr>
<tr><td>Elem.</td><td>Line</td><td>Mass[%]</td><td>2sigma[%]</td><td>Atomic[%]</td><td>Intensity[cps/mA]</td></tr>
<tr><td>13 Al</td><td>K</td><td>5.22</td><td>1.34</td><td>8.09</td><td>73.97</td></tr>
<tr><td>14 Si</td><td>K</td><td>21.46</td><td>0.90</td><td>31.93</td><td>753.28</td></tr>
<tr><td>15 P</td><td>K</td><td>2.46</td><td>0.34</td><td>3.31</td><td>156.82</td></tr>
<tr><td>16 S</td><td>K</td><td>4.57</td><td>0.26</td><td>5.96</td><td>654.61</td></tr>
<tr><td>19 K</td><td>K</td><td>1.61</td><td>0.17</td><td>1.55</td><td>227.20</td></tr>
<tr><td>20 Ca</td><td>K</td><td>1.49</td><td>0.13</td><td>1.72</td><td>273.80</td></tr>
<tr><td>22 Ti</td><td>K</td><td>0.83</td><td>0.10</td><td>0.72</td><td>245.80</td></tr>
<tr><td>25 Mn</td><td>K</td><td>2.64</td><td>0.12</td><td>2.01</td><td>1161.38</td></tr>
<tr><td>26 Fe</td><td>K</td><td>59.73</td><td>1.11</td><td>15.91</td><td>28097.02</td></tr>
</table>

注:测试条件:测试时间 80s;进程模式 P2;检测孔直径 10μm;X 光管电压 50kV;X 光管电流:0.30mA。

由表 2-4 至表 2-7 所示检测结果可以看出，这批陶瓷器表面附着物存在硅（Si）、铝（Al）、铁（Fe）等元素。根据所检测器物整体的主量化学组成来看，这批陶瓷器表面附着物仍旧为常见的硅酸盐类沉积物，只是含铁量较高，可能和出土时的埋藏环境以及当地土壤状况有关，所以在清理表面附着物时，可采用化学与物理相结合的方法。

第四节　价值评估

文物既是有形的物质形体，又是无形的文化内涵的载体，这种文化内涵也就是文物所蕴含的价值，主要包括历史、艺术和科学价值，也包括社会文化价值等。陶瓷文物价值评估，是对陶瓷文物所蕴含的各方面价值的提炼和归纳总结，是制订修复方案的前提。只有在充分评估陶瓷文物价值的基础上，才能够为陶瓷文物的修复提供合理的指导，以最大限度地保留并展现其蕴含的各种价值。对罗田县博物馆这批陶瓷器的修复，有助于提升部分馆藏文物的价值，同时为进一步研究其蕴含的价值信息奠定基础。

一、历史价值

文物是由产生它的那个时代的一定人群，根据当时政治、经济、军事、文化等需要，运用当时所能得到的物质材料和掌握的技术创造出来的。每一件文物都从不同侧面反映了它们所处年代的政治、经济、科学技术、文化艺术、宗教信仰、风情习俗等诸多信息和内容，是历史发展的见证。[5]

本项目中的陶瓷器年代跨度大（从新石器时代至明清时期），跨越了整个文明历程。从新石器时代的红陶、白陶，南宋时期的硬陶，至西晋的青瓷，宋代的青白瓷与白瓷，明清的颜色釉瓷与青花瓷，这批文物较为全面地反映了我国古代陶瓷器制造业的发展历程，为我国古陶瓷制造史的研究提供了实物资料。尤其是瓷器，几乎涵盖了我国瓷器从产生之日起每一次在瓷系方面的转折与突破的时期，客观上构成了一部古代瓷器发展的编年体史书。

罗田县博物馆馆藏的新石器时代与东周时期的陶纺轮，是当时纺织业的产生与发展的见证；由唐入宋，短直流的执壶转变为长曲流的执壶，以及执壶容量的减小、壶盖的增加，是那一时期人们饮酒方式与饮茶方式变化的反映，也是人们就餐方式由席地而坐转向使用桌椅等高足家具的反映，这些因素都在不同程度上影响着器物的造型、装饰与体量；宋代的青瓷堆塑瓶以东汉时期的五联罐为原型，又称为魂瓶、谷仓罐，魂瓶中陪葬的谷物以及供灵魂出入的小孔，蕴含着先民们当时的宗教信仰和对死后魂归何处的一种思索；南宋时期的硬陶四神罐反映了两宋时期道教因素的影响下，人们丧葬习俗的变化。

二、科学价值

陶瓷器的科学价值在于通过对胎釉原料、烧造技术、烧成温度、装饰工艺的研究分析，了解它们制作年代的科技水平。东汉时期出现了真正的青瓷，伴随青瓷一同出现的是黑瓷，青瓷与黑瓷都是以铁为主要着色剂，两者生产工艺基本相同，区别仅在于釉料中氧化铁的含量不同。每一次釉色的变化，都是先民对胎釉原料的选择，对着色剂的进一步认识，对窑炉的改进，并在不断试验的基础上实现的。本项目中的瓷器几乎涵盖了从青瓷到白瓷、青白瓷、颜色釉瓷、彩绘瓷的所有品种，通过对瓷器釉面成分的分析，研究其成色原理，为后期修复中的随色处理奠定基础。

此外，在烧制工艺上，值得注意的是罗田县博物馆馆藏的北宋青白釉莲瓣座温壶，由于注碗内部存在支钉支烧的痕迹，可以推测该器物的注子与注碗是同时入窑烧制而成的，二者之间以支钉相连。支钉痕迹反映了我国古代瓷器烧造工艺水平，在修复中要予以保留。

三、艺术价值

瓷器发展至隋唐时期，已成为人们日常生活的主要用具。隋唐时期是中国历史上强盛的时期之一，在经历了魏晋南北朝这三百余年的动乱后，终于建立了大一统王朝。社会的安定繁荣使得经济得以恢复，在经济发展繁荣的基础上，时代的审美也随之发生了变化，瓷器作为重要的生活用具自然体现着时代的审美特点，此前笨拙粗重的器物逐渐被淘汰，取而代之的是精巧优美的新型产品。

以本项目中的宋代青釉葵口瓷碗、瓜棱壶以及莲瓣座温壶为例，这些器物轻巧美观、样式新颖，是时代审美的缩影。唐宋时期一些碗、盘、茶托等器物经常被做成瓜果和花朵形，多见口沿制成葵花瓣形、莲花瓣形，执壶的腹部多做成瓜棱形，这种将自然界中的素材加以抽象化，并引入瓷器器型中的设计，既满足其实用功能，又极具艺术效果。

四、社会价值

罗田县博物馆的藏品多出土于罗田本地，馆藏新石器时代至西周时期陶纺轮见证了这一时期罗田地区的纺织业发展水平，是支撑长江中游地区成为史前纺织业中心区域之一的重要组成部分；出土于凤山镇的堆塑蝴蝶结纹青白瓷执壶是湖北同相邻省份江西、安徽间交流与借鉴瓷器装饰技法的见证。这些文物可以从一个侧面反映出罗田当地的瓷器贸易发展史以及该地区各时代文化风俗的变迁，且对普及、传播悠久的中国陶瓷器文化起到积极推动作用。

第五节　保护与修复意义

文物是人类在社会活动中遗留下来的具有历史、艺术和科学价值的遗迹和遗物，作为历史的见证，反映着它们所处年代的审美与科技水平。文物具有物质性，其物质实体内携带着大量信息，而这种价值信息最终要通过物质实体来体现。文物是我们优秀的文化遗产，在今天对发展科学技术与文化艺术仍有着一定的借鉴意义。

文物的保护与修复是紧密联系的，文物保护主要是针对文物保存环境进行控制，阻止或延缓藏品的劣化变质；而文物修复则是针对已损坏的文物进行的直接修复行为。文物的保护是修复的前提，贯穿文物修复过程始终，在文物修复的各个环节均应随时考虑对文物的保护。对于文物修复，无论采取哪种修复方式，都是在遵循文物修复原则的前提下进行的。而文物修复的原则，最基本的一点就是任何修复行为都不能对文物造成损害。

从新石器时代的陶器，商周时期的原始瓷，至东汉出现的真正成熟的瓷器……历史上遗留下的陶瓷器数量巨大。然而由于埋藏环境、保存环境甚至人为因素等的影响，使部分陶瓷器遭受不同程度的损坏，对古陶瓷的保护与修复不仅是对其本体的保护与修复，实际上还是对其中蕴含的各种价值信息进行保护，以便于进一步研究其价值，并通过展览向观众展示。以下分物质层面与研究价值层面两方面论述罗田县博物馆这批陶瓷器保护与修复的意义。

一、物质层面

本项目中的陶瓷器，部分器物粘接不到位，稳定性较差，甚至陶瓷器中所有粘接过的器物都已经出现胶体老化的情况，如不马上清除重新修复，将对陶瓷器本体造成无法挽回的严重伤害。对于破碎严重且大面积缺损的器物，在保存过程中难以存放，存在严重的安全隐患，应对其进行粘接与补缺处理以消除安全隐患，便于后期存放与日常养护。

本项目中有多件陶器，包括一件彩绘陶鼎。相比于瓷器，陶器更加脆弱。由于陶器材质特殊，大多是多孔材质，造成陶器结构不致密，吸水性强，易破碎；再加上环境中存在很多杂质和氯离子，会渗入陶器内部，致使其脆性增加，还会出现污垢沉积问题，加之罗田当地气候潮湿与保存环境不理想等因素，陶质文物存在破碎的安全隐患。而彩绘陶器不仅器物整体结构存在破碎风险，其彩绘层也更容易被破坏，发生酥碱、粉化、脱落、起翘等现象，亟待保护与修复。

二、研究价值层面

对于破碎严重且存在大面积缺失的陶瓷器，如上文所述对其进行粘接与补缺处理，不仅可以消除安全隐患，恢复其作为物质实体的状态，还能够使其蕴含的价值信息通过完整的实体表现出来，以便进行展陈利用。故对破碎陶瓷器进行补缺处理，既是对本体的保护，也是重新恢复其价值信息并将其传递给观众的过程。

其中部分陶瓷器修复后可以提升其鉴定等级，一些因破损严重而达不到文物定级标准的陶瓷器修复后则可以重新进行等级鉴定，从而使这批文物的价值得到提升。

修复文物的过程也是对文物进行研究的过程，文物所蕴含的价值信息不会直接通过物质实体展现出来，但物质实体是文物价值信息的载体，文物价值信息最终要通过对物质实体的科学研究来获得。文物的研究既包括对其制作工艺的研究，对其胎釉原料及成型工艺的研究，也包括对具体器物类型在不同时代造型演变的研究。比如本项目中壶类器物的数量较多，年代跨度从东周至唐代，其造型经历了由喇叭口壶—盘口壶—鸡首壶—执壶的演变过程。此外，对器身关键部位缺损的器物（比如盘口壶、鸡首壶）的修复，本身需要在查阅大量文献资料的基础上，经研究分析后才能给出合理的修复方案。

第六节　保护修复技术路线

一、保护修复目标及遵循的原则

本项目本着“保护第一、加强管理、挖掘价值、有效利用、让文物活起来”的文物工作方针，根据《中华人民共和国文物保护法》，在实施文物保护修复时，坚持不改变文物原状的原则，最小干预的原则，使用的材料必须符合可再处理的原则，可识别与整体协调相结合的原则；在保护修复工作过程中，严格遵循保证文物真实性的原则；采用先进的技术方法，确保文物保护修复的科学性和持久性。在保护修复工作中要防止“保护性”的损害，保护修复后要不留隐患、无副作用，同时将保护和预防结合起来。

本项目保护修复工作目标是对这批陶瓷文物进行保护与修复，使得这批文物能够达到稳定性、牢固性和可再修复的要求，确保修复后的文物可长期保存和陈列展览。

二、方案设计依据

- 《中华人民共和国文物保护法》(2017 年修正)；
- 《中华人民共和国文物保护法实施条例》(2017 年修订)；
- 《馆藏文物保护环境质量检测技术规范》(WW/T 0016—2008)；
- 《国家重点文物保护专项补助资金管理办法》(财教〔2013〕116 号)；
- 《可移动文物病害评估技术规程 瓷器类文物》(WW/T 0057—2014)；
- 《陶质文物彩绘保护修复技术要求》(GB/T 30239—2013)；
- 《陶质彩绘文物病害与图示》(WW/T 0021—2010)；

•《陶质彩绘文物保护修复方案编写规范》(WW/T 0022—2010);
•《陶质彩绘文物保护修复档案记录规范》(WW/T 0023—2010)。

三、技术路线

本项目采用的陶瓷文物修复技术路线见图 2-17。对于存在裂缝、碎裂，但不缺损的器物，只需进行清洗（拆卸)、加固、粘接处理，不需要进行作色等后续处理，以贯彻文物修复中的最小干预原则；对于存在缺损的器物，则需按完整流程进行修复处理，以达到良好的修复及展示效果。

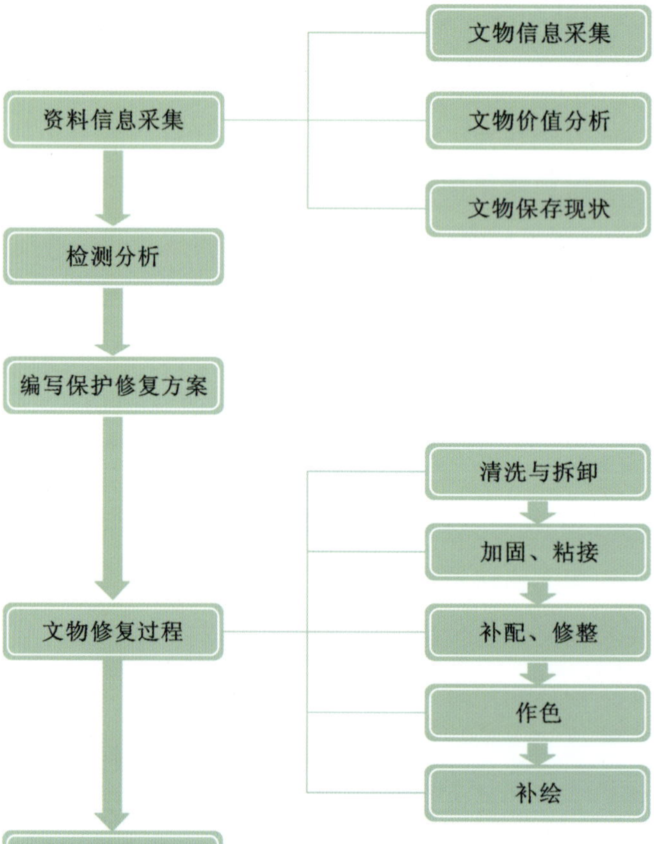

图 2-17 陶瓷文物修复技术路线图

第七节　保护修复实施过程

一、文物修复步骤

（一）清洗与拆卸

1. 清洗

清洗的目的是要把被修复器物表面的各种附着物及断裂部位的老化胶体等清理干净，为下一步工艺的实施创造条件。清洁的方法有许多种，一般在对某件器物实施清洁前，要先了解其胎质、彩绘纹饰和破损情况，确定适宜的清洁方法和清洁剂后，才可在实物上实施清洁工作。

本项目使用的清洗方法如下：

（1）机械清除法：用小型超声波清洗机、电动刻笔刀、毛刷等工具清除器物上的附着物，主要针对一些陶瓷器表面的附着物。

（2）次氯酸钠溶液洗涤法：用少量次氯酸钠溶液加清水浸泡洗刷器物，去除其表面的杂物。此方法是古陶瓷清洁工艺中最常用的方法，适合大部分器物的清洁。

（3）化学除垢法：用化学药剂来清除陶瓷器物表面的碳酸钙（镁）等锈碱和氧化铁等形成的附着物。选用化学除垢法做清洁时，必须先用水按所需比例稀释，浓度可视具体情况而定。

（4）有机溶剂去污法：用毛笔或棉球蘸取有机溶剂，擦拭器物表面和待修复部位，以达到清除各种杂质、油渍、老化胶体的目的。常用的有机溶剂有乙醇、丙酮及一些表面活性剂、添加剂。

本项目中的陶瓷文物年代跨度较大，胎釉牢固程度不一。其中胎质较为疏松的彩陶文物可采用去离子水加机械清除的方式进行清洁；胎釉结合较紧密的瓷器文物可采用上述次氯酸钠溶液洗涤法及机械清除法进行清洁（图 2-18）。

图 2-18　清洗

由于彩陶上的彩绘原料为植物或动物胶与色粉的混合物，所以在清理时，先清理无彩绘部分，再清理彩绘部分，并且在清理彩绘部分时，注意喷涂色粉固色剂，防止彩绘在后期处理过程中脱落。

2. 拆卸

对于存在老化粘接或修复痕迹的器物，使用环氧树脂溶液对需清理的老化胶体进行湿敷处理。待老化胶体彻底分解后，用清水将器物冲洗干净，再用无水乙醇进行擦拭，彻底清除残留的环氧树脂溶液。

（二）加固、粘接

1. 加固

加固是对器物的某个部位，用技术处理方法提高其硬度、强度和牢固度的一种修复方法。

加固的适用范围如下：

（1）对器物上的裂纹或冲口进行预防性处理；

（2）对完成粘接或补配工序的器物进行保护性处理，进一步提高其修复部位的牢固度；

（3）对受力或易损部位进行预防性加固。

常用的加固方法有以下几种：

（1）喷涂加固法：用稀释剂将环氧树脂类黏合剂或聚氨酯漆涂料调制好，然后用喷枪或毛笔一层层喷涂在需要加固的部位。此方法适用于加固脆弱欲剥落的釉层以及对补配部位的强化处理。

（2）滴注加固法：利用自行配制的液体加固剂对器物进行加固。加固剂渗透性强，适用于对器物上非受力部位的裂缝、冲口以及粘接后尚不牢固的部位进行加固处理。其操作方法是一点点把加固剂往裂缝或粘接修补部位滴注，让其渗入缝隙中，表面残留胶液可用丙酮擦拭干净。

本项目中的陶瓷文物年代跨度大、胎釉质地不一，可根据其胎釉具体情况采用合适的加固方式。根据加固试验，本次修复使用3%的B72丙酮溶液进行渗透加固，将其均匀涂抹到需要加固的冲口、裂纹、裂缝、脱釉等处即可（图2-19）。

图 2-19　加固

2. 粘接

对于掉片和清洗过后需要重新粘接的器物，采用的粘接方法如下：

先将 5%的 B72 丙酮溶液均匀涂抹到断面进行粘接隔离处理，然后在断面均匀涂抹 509 环氧树脂胶，待掉片完全复位后把持住，直至胶体固化（图 2-20）。

图 2-20　粘接

（三）补配、修整

在加固与粘接之后，需要对器物进行补配及修整处理。补配是对陶瓷缺损部分进行补缺，使器物造型恢复完整的过程。修整是在实施后续打底工艺之前，用电动打磨机、锉子和各型号砂纸对器物补配等修复部位多余的填料进行修整，待原形出来后再进行细致的打底工作。修整是打底、随色的基础。

补配通常在修整之前进行，但是由于补配与修整均无法一次造型到位，所以两者在修复中通常是交替反复进行，直至补配部位达到打底之前所需效果。

1. 补配材料的配方

首先选择成品黏合剂，如 509 环氧树脂胶等。填料选择滑石粉或矿物色粉等。将选好的黏合剂和填料混合调成膏状，软硬程度视修补需要而定。若模补用料需软，则调料时黏合剂要多于填料；若塑补用料需硬，则调料时填料多于黏合剂。此配方的优点是：黏结力强、牢固可靠、固化后质地坚硬、机械强度高、收缩率低、不易产生裂缝。缺点是：材料固化前流动性大，在其固化过程中要特别注意防止流动变形。

2. 补配方法

（1）填补法：使用补配材料直接把器物上缺损部位填平补齐。这种方法操作简便，应用广泛。凡属下述破损情况的器物均可用此方法进行补配：器物上各类宽缝隙；无胎装饰花纹的凹缺部位；无胎装饰花纹的小面积短缺部位。

（2）模补法：采用范模翻制的方法进行补配。凡属于下列破损情况的器物均可应用模补法进行修补：器物某部位大面积缺损；器物立体部位缺损，如瓷器上的耳、足等部位；器物缺损部位形状较复杂或压印有胎装饰纹饰。

模补法具体有如下三种：

① 打样补配法：适用于无胎装饰纹饰或有简单胎装饰纹饰器物较大面积缺损的

修补。其方法是取开水倒入盆状容器内，盆底铺上纱布或毛巾以防打样膏粘底，然后将打样膏放入开水中使其软化，取出后用手揉搓均匀，捏成厚约 5 毫米的片状，按压在器物完整部位取样，脱出所需局部范模。经检查无误后，即可用补配材料进行修补，修补方法与填补法一致。待补配材料基本固化后，用热风机吹软范模将其取下，最后用刀具和砂纸进行修整。

② 范模翻制法：根据器物缺损部位先制出内范，再用内范翻制外范，使用外范翻制出器物缺损的部位，然后再将其粘接到缺损部位上。此方法多用于器物的耳、足、首等立体部位缺损的补配。

③ 塑补法：采用各种雕塑技法进行修补的一种方法。塑补的方法有两种，一是把补配材料直接粘贴在器物缺损部位，待其固化到便于雕塑的硬度后，再雕塑成型；二是先把补配材料雕塑成型，再粘接到器物上。塑补法主要适用于有较复杂装饰纹饰的小面积缺损部位的修复，以及器物立体部位缺损的修复。

本项目中部分破损陶瓷文物补配过程见图 2-21。

图 2-21　补配

3. 修整所用工具

（1）手术刀：由刀柄和可装卸刀片两部分组成。刀柄为不锈钢材质，根据其长短及大小来区分不同型号，刀片的型号要与刀柄匹配才能安装。手术刀锋利灵巧，适合用于清洗或补配操作中的切割与刮削。

（2）剃须刀片：指钢或不锈钢剃须刀片，该类刀片有弹性、可弯曲，能贴合器物的弧形表面，刮削的同时不会损伤釉面，很适合用于有釉瓷器。

（3）砂纸：包括各种型号的金刚砂纸、木砂纸、氧化铝耐水砂纸、金相砂纸等。使用砂纸修整时，通常先使用较粗的砂纸，然后依次使用较细的砂纸。

① 干磨砂纸（木砂纸）是以纸为基体，以动物胶为黏合剂，将人造或天然磨料黏附于基体而制成的一种磨具，因为它常用于木器的打磨与抛光，故又称木砂纸。我国的木砂纸主要以牛皮纸为基体，动物胶（以骨胶为主）作黏合剂，以玻璃砂为磨料。

② 耐水砂纸又称水磨砂纸或水砂纸，因其在使用时可以浸水修整或在水中修整而得名。耐水砂纸以耐水纸为基体，油漆或树脂为黏合剂，刚玉或碳化硅为磨料，加工精度较高。

③ 金相砂纸是一种细粒度砂纸，其名称来源于它的主要用途是加工金相试片，它还能用于光学玻璃的加工，精密仪器、仪表量具和刀刃的抛光，以及高级油漆面的抛光。金相砂纸的磨料一般为白刚玉或者碳化硅微粉。一般为非耐水产品，用于干磨抛光。

（4）砂条：有不同磨料规格，且有圆形、方形等不同形状适用于不同操作面。

（5）海绵锉：指表面含有陶瓷微粒的海绵块，握持方便，无须用大力。这类产品通常用不同颜色表明海绵锉的粗细，并且将不同粗细的海绵锉制作在一起，极大地方便了修整工作。

4. 修整方法

修整时应仔细观察补缺部位周边的情况，控制修整面积，必要时用胶带做遮挡，以免破坏相邻完好处的釉光，增加修复范围和难度。修整面大部分是弧形面，所以修整手法要柔和，多用旋转手形，少用看上去更有效率的直上直下手形。

修整时经常会出现修整过度的情况，导致填补处发生欠缺。这时可填入 509 环氧树脂及滑石粉，继续修整，反复多次直到达到要求为止。修整时可利用一些小工具以提高工作效率和工作质量。如制模工具、打样膏。如有弦边口沿处的填充物修整，徒手无法修整出如原状一样自然的口沿弦边时，可使用打样膏，先在完好处根据自己的手形捏出一个模，这样突出的弦边就印在打样膏上了，再将被水浸软的耐水砂纸垫在打样膏有模印的一边，蘸水修整填充物。打样膏有形又有硬度，自然会轻松打出弦边来。用手抚摸补缺处及周边部位，如果过渡平滑顺畅无错落感即表明已修整到位。

本项目中的陶瓷文物缺损状态各不相同，可根据其具体病害情况以及胎釉质地采用合适的补配材料及补配方式（图 2-22）。修整时需注意胎质疏松以及脱釉的器物，应控制修整范围。

图 2-22 修整

（四）作色

作色是指对修复部分进行着色处理，令其色泽、纹饰与器物的原部位一致，从而达到修饰、淡化修复痕迹的目的。它要求修复者必须掌握一定的绘画和色彩方面的基础知识，要有一定的鉴赏水平和审美观，这样才能修复出高质量的作品。

在作色前，通常要进行打底。其目的：一是进一步提高随色、仿釉部位的平整光滑度，一件残器在经过粘接或补配修补后，其修补部位表面的平整光滑度往往达不到随色、仿釉工艺的要求，这就要通过打底处理来达到相应要求；二是提高或改善修复部位表面材料与随色、仿釉涂层的结合力。

打底操作方法：先将附着力强的涂料一层层反复刮涂到需粘接或补配部位的表面，再用各型号砂纸反复打磨使其平整光滑，用手触摸打磨处与原物光滑度感觉一致即可。本项目中的陶瓷文物均适用此种打底方式。

作色通常包括仿待修复器物的底色与纹饰。前者将各种颜色的聚氨酯色漆与稀释剂混合，调制成为与器物底色一致，最后加入调好固化剂的清漆，并将三者的混合溶液倒入喷枪，调节喷枪气压，进行随色处理。随色完成后，将多余色漆用稀释剂擦拭干净，放入烘箱中干燥两小时使色漆固化。待随色处色漆完全固化后取出，用砂纸将喷涂色漆部位打磨平整。纹饰复原与否要根据文物价值评估结果确定。陶瓷器纹饰大多数由工匠用毛笔手绘而成，因此对这些纹样图案的补绘通常也采用笔绘的手段，有时也采用喷枪与笔绘结合的方式来表现晕散的效果。首先调出与所修器物图案纹饰一致的颜色，再用勾线笔勾勒出图案后，放入烘箱烘干。

瓷器修复随色一般有以下几种技法：

（1）涂刷法：使用毛笔蘸取已调制好的涂料，在被涂物表面涂敷随色。这是一种传统而又最普遍的随色方法。涂刷法使用的工具以各型号羊毫毛笔为主，有时也需要用羊毫板刷或排笔。

（2）喷涂法：使用空气压缩机及喷笔，把涂料喷涂在修复部位的一种随色方法。喷笔特点：随色均匀、细腻、不留接痕、施工速度快、表现技法多样。

（3）擦涂法：用棉球蘸取色浆或涂料擦涂在器物表面的一种施工方法。选择细绸布料或细麻布料把棉花或绒线包裹成大小不一的棉球，先在器物表面往返平涂几下，然后采用圈涂法，即手拿棉球在器物表面做圆圈状移动抹擦。

（4）蹾拍法：用硬毛刷或小拓包等工具蘸取涂料液扑打蹾拍的随色方法，以求产生各种不规则的色块或色斑。操作方法：把涂料液用毛笔平涂在调色板上，用蹾拍工具蘸取少量涂液，然后往着色部位均匀地蹾拍，要利用手腕上下运动的力进行蹾拍，手与着色面垂直，从左到右、从上到下依顺序进行蹾拍。

（5）点染法：用毛笔蘸取涂料液在着色部位随意点染，以求获得分布不均匀和形状不规则的色斑或色点。

（6）掸拨法：用硬毛笔或毛刷蘸取稀薄的涂料液，然后用调色刀拨动笔毛，利用笔毛把涂料液弹成雾状小点落于着色部位的一种随色方法。

（7）渲染法：使用稀释剂把点染在着色部位的涂料晕开。渲染法常使用在消除着色接痕和色彩推移变化制作中。

不同陶瓷器需要采用不同的随色方法（图 2-23），甚至同一陶瓷器需要采用多种随色方法，修复人员应根据实际情况选择随色方法。

图 2-23　作色

（五）补绘

随色完成后，将多余色漆用稀释剂擦拭干净，再将器物放入烘箱中干燥两小时使色漆固化。待随色处色漆完全固化后取出，用抛光布对清漆位置进行调光处理，使作色部位与胎体光泽趋于一致。补绘时应注意器物的纹饰，如果是器物本身连续的纹饰，则用毛笔或是喷笔按照器物本身的纹饰进行描摹（图 2-24）；如果没有器物本身的纹饰作参照，则应以同时代同类型的器物作参考。

图 2-24　补绘

二、主要使用材料

（1）清洗材料：去离子水、肥皂水、次氯酸钠溶液以及酒精、丙酮等溶剂。

（2）塑形、制模材料：医用打样膏、自由树脂、509 环氧树脂胶、滑石粉、矿物色粉。

（3）黏合剂：海克斯塔 NYL-1 修复级环氧树脂、502 胶水。

（4）颜料：矿物颜料。

（5）釉料：聚氨酯漆。

第八节　保护修复重难点及其处理

一、根据文物保存现状，采取有针对性的修复方式

针对文物破损情况及其价值，本项目在修复过程中，主要采用了复原型和可识别型两种修复方式。

对于肌体坚硬致密、艺术价值较高、文物信息基本完整且残缺面积较小、结构部位较为单一，以及缺失造型和纹饰可根据器物完好部分的纹饰样式进行补全的器物，可采用复原型修复方式，使器物修复部位纹饰与本体续接，胎体面颜色、光滑程度和光泽度与本体一致，主要展示器物的艺术价值（图 2-25、图 2-26）。

图 2-25　青花花草纹瓷盘修复前后对比

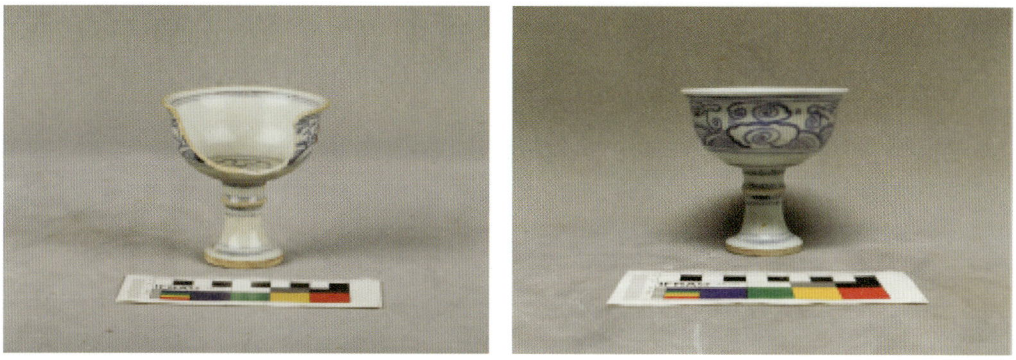

图 2-26　青花水波纹高足瓷碗修复前后对比

对于肌体比较酥松脆弱、残缺面积较大、缺失造型或纹饰无法通过文物本身规律确定的器物，可采用可识别型修复方式。本项目的可识别型修复大体可以分为两类：一种是仅对修复区域的颜色进行可识别处理，器物在补配、修整完成后，根据器物本体的胎釉颜色进行“降一色”（底釉色系相近、色度降低）处理，这样既能区分出补配部分又能体现器物的完整性，同时凸显原件部位的真实性，如图 2-27 所示红陶壶；另一种方式则是对修复区域的外形和颜色均进行可识别处理，补配阶段就有意识地使补配区域略低于器物表面，作色阶段，在釉色、光泽度和纹饰等方面再次进行降阶处理，使修复区域和器物本身形成更加鲜明的对比。这种可识别型修复方式更加适用于整体造型犹在，但腹部有局部缺失的器物，不仅可以有效控制打磨范围，为后续修复留有空间和余地，也能更加凸显出器物本身的可读性，最大程度地提升文物展陈效果（图 2-28、图 2-29）。

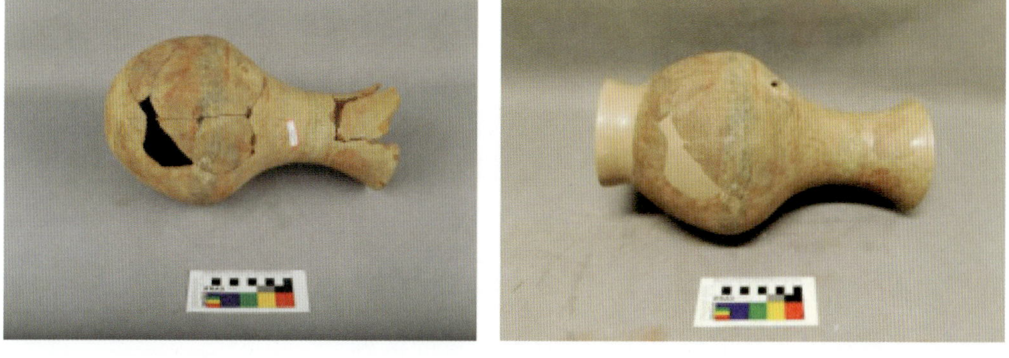

图 2-27　红陶壶修复前后对比

图 2-28　白釉划花瓷梅瓶修复前后对比

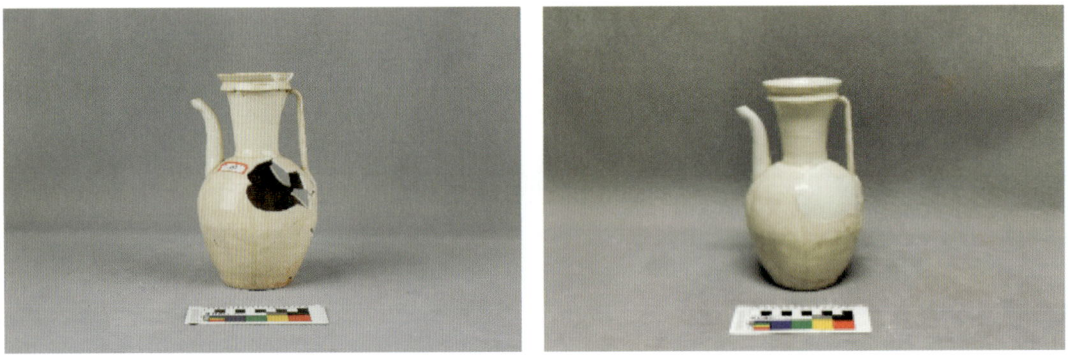

图 2-29　青白釉瓜棱执壶修复前后对比

二、对于瓷器历史人为痕迹的甄别

根据瓷器病害情况统计可知，本项目中的绝大多数器物都存在缺损。何谓“缺损”，国家文物局发布的文物保护行业标准《可移动文物病害评估技术规程 瓷器类文物》（WW/T 0057—2014）中是这样描述的，瓷器缺损一般是指因外力作用造成的碎裂，局部缺失。然而本项目中有数件瓷器（图 2-30 至图 2-33），其器身上的“破洞”与文物病害意义上的“缺损”有着本质的区别。

图 2-30　青白釉温壶

图 2-31　青白釉瓷执壶

图 2-32　白釉盘口瓷瓶

图 2-33　白釉盘口瓷瓶

相比于其他常见的瓷器缺损，图 2-16 至图 2-19 所示四件器物的“缺损”痕迹呈现出明显的规则性和目的性，似人有意为之。通过查阅文献可知，在器身上凿有规则的圆形、方形或椭圆形小孔的现象，其实有个专业的说法，叫“毁器葬俗”。这种葬俗由来已久，在新石器时代常见瓮棺葬的葬具上就有钻孔的现象，这是为了使逝者的灵魂自由出入，提醒逝者生死有别，以免逝者灵魂停留于人世间，对生者造成困扰，至今还有一些地区在民间丧葬活动中会以碎物的方式辟邪。

另一件青白釉瓷执壶（图 2-34），主要病害为器盖部分破损，从器盖残存部分可以看到其上有一孔隙，在其他同类型执壶（图 2-35、图 2-36）上也可以看到同样孔隙，一般在器盖上穿两个小孔，应为古人为防止器盖遗失，特意穿孔以供绑绳所用，修复时需要还原这一历史现象。

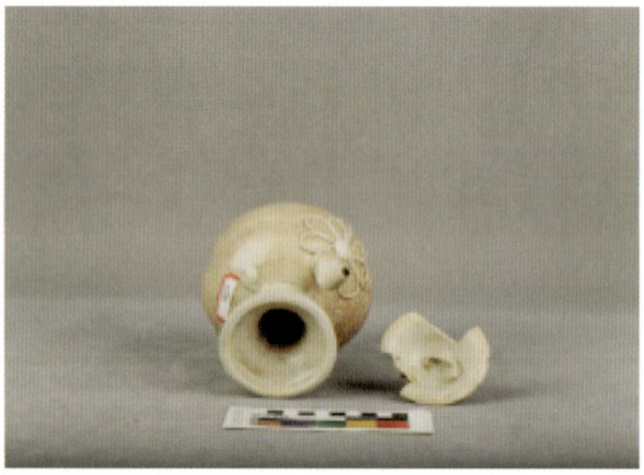

图 2-34　青白釉瓷执壶修复前

图 2-35　青白釉瓷执壶器盖修复过程

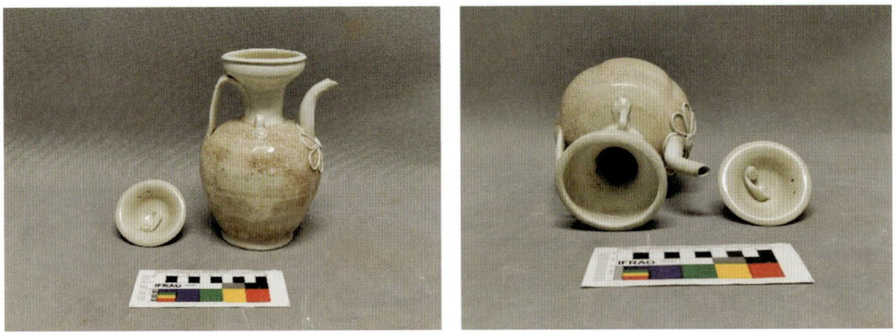

图 2-36　青白釉瓷执壶修复后

因此，在陶瓷文物保护修复过程中，需要细致区分瓷器的病害和历史人为痕迹。对于瓷器病害的“缺损”，需要采取适当的方式进行保护修复；但是对于包含历史信息的人为痕迹，则不仅要予以保留，还要加强研究，深入探讨这一现象的根源以及背后的历史文化、社会习俗等（具体研究见第三章第二节）。

三、对于瓷器历史修复痕迹的保护与研究

本项目中的霁红大瓷瓶高 57.5 厘米、口径 19.7 厘米、腹径 23.8 厘米、足径 18.3 厘米，口沿部分残缺，器物表面存在附着物（图 2-37）。通过现状调查发现，该器物口沿及颈部内外均有锔钉修复痕迹，锔钉为铜质，长度在 0.6～1 厘米之间，双钉并列为一组（图 2-37）。

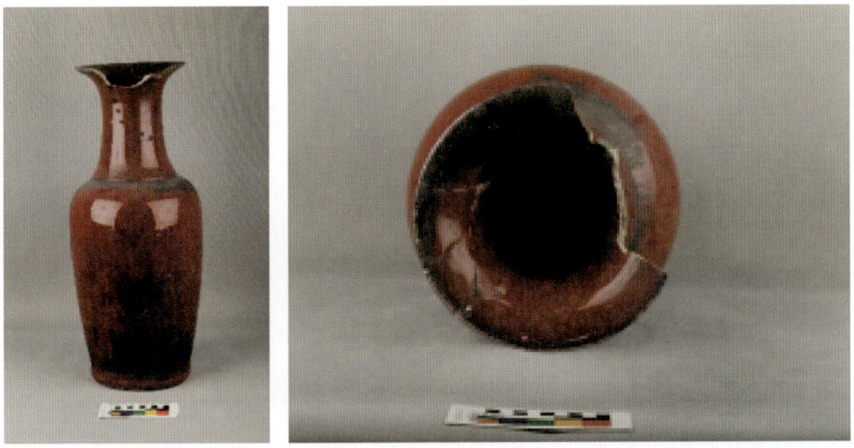

图 2-37　霁红大瓷瓶修复前

锔瓷是中国古代传统瓷器修复工艺，是古代工匠通过长期摸索实践总结出的一门技艺。锔瓷修补出现在宋元时期，到清乾隆时期，锔钉修补大体可以分为两类：一类为常活，也叫粗活，是以民间生活用品为主的锔瓷修复粗活，通常被称作锔盆、锔碗、锯大缸的锢炉匠，所用的锔钉比较粗糙、单一，是清一色的铁钉；另一类则是经过艺术加工专为达官贵族服务的锔瓷细活，也叫行活、秀活，所用的工具金刚钻小巧精致，锔钉完全用民间绝活锻铜工艺加工而成，有花钉、素钉、金钉、银钉、铜钉、豆钉、米钉、砂钉等。

对于该器物的修复，除了要将器物清洗干净，清除表面附着物，完成口沿缺损部位的补配上色，还要需要注意锔钉的保护，避免锔钉脱落，口沿补配处与器物本体交界处，要注意与锔钉孔隙的对应关系（即补配处也需要钻孔，见图 2-38）。针对锔钉这一历史修复痕迹的保存现状，我们也能从中推测出一些相关信息。首先，由于该器物体型较大，为保证锔钉修复的牢固程度，工匠在瓷器内外使用了双排锔钉，这在古代传统锔钉修复中较为少见；其次，该器物使用锔钉修复的主要目的不仅是为了恢复瓷器的使用功能，也是为了提升其观赏价值；最后，该器物使用的锔钉数量较多且均为铜质，据此推测瓷器原主人或有一定的社会地位且对于该瓷器较为喜爱。

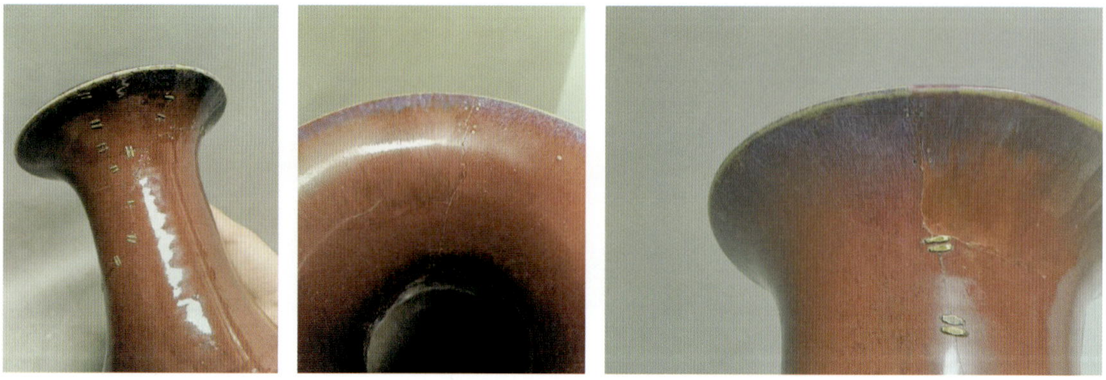

图 2-38　霁红大瓷瓶修复后

四、对于大面积缺损器物的处理

本项目中存在数件大面积缺损的瓷器，严重者器物的系、流或鋬等关键部位都有所缺失，这给修复工作尤其是补配工作造成极大困难。下面以图 2-39 所示青瓷瓜棱高颈壶为例，说明针对这种大面积缺损器物的处理方法。

图 2-39　青瓷瓜棱高颈壶修复前

该器物年代为宋代，喇叭口，口下渐收，长颈，腹体作瓜棱形，圈足微外撇，有一细长流，同时还附一纽盖，盖上有一圆柱形系；器物通体高 16.4 厘米，口径 4.8 厘米，足径 6.0 厘米，重 226.4 克；主要病害为腹部大面积残损，壶流脱落，壶鋬缺失，除此之外，还存在不当粘接和胶体老化等现象。

对该器物进行修复时，首先通过清洗这一步骤去除老化胶体和各类附着物，并拆卸旧有的粘接痕迹。补配时先用蜡片对执壶残存的腹部进行翻模，由于腹部缺失面积较大，而且每一瓣的瓜棱都有差异，因此需要多次翻模。通过观察发现瓜棱之间均有竖纹，肩腹之间还有横纹，为了保证这些细节可以更好的呈现，在用 509 胶水进行补配时需要在瓜棱之间留有操作空间，控制好宽度，并在胶体将干未干时进行压模，同时用手术刀的刀背及砂纸不断调整横纹及竖纹的细节。再根据执壶的整体造型和残损痕迹，确定壶流的具体位置并进行粘接。

对执壶的鋬进行补配时，先观察壶鋬的残存部位，确定其大体的连接走向和趋势，再参考相似器物的鋬，用速干胶做出骨架，然后用 509 胶水加滑石粉进一步塑形，最后依据纽盖上的圆柱形系，在壶鋬上方也做出一个圆柱形系。需要注意的是，执壶的鋬是古代工匠手工制作，并非现代工厂批量生产的，因此，不能盲目按照相似器物的鋬进行复制，而要根据实际情况和器物的整体协调性不断调整后确定（图 2-40、图 2-41）。

图 2-40　青瓷瓜棱高颈壶修复过程

图 2-41　青瓷瓜棱高颈壶修复后

五、对于修复依据的合理利用以及作色尺度的把控

在对大面积缺损或者关键部位缺失的器物进行保护修复前，一般需要寻找修复依据，以此保证修复工作的规范性和科学性，但是也不能盲目参照修复依据，而要保持审慎的态度，辩证看待。作色时，需要尽可能做到真实性与艺术性的统一，但当依据不充分时，应严格控制作色尺度，进行差异化处理，达到远看相协调、近看有区别的效果。下面以图 2-42 所示鸡首壶为例进行说明。

图 2-42　鸡首壶修复前

本项目的鸡首壶（图 2-42）通高 22.0 厘米、口径 12.5 厘米、腹径 15.4 厘米、足径10.3厘米，重 1280.0 克；盘口、束颈、溜肩、鼓腹、平底；主要病害是盘口残缺（口沿有残损的壶錾痕迹，如果忽视此处，可能会将鸡首壶错认为普通的盘

口壶），壶鋬及鸡首缺失。修复前，通过查阅资料，我们将湖北省博物馆和西汉南越王博物馆馆藏的鸡首壶（图 2-43、图 2-44）作为主要参考依据。

图 2-43　湖北省博物馆馆藏鸡首壶

图 2-44　西汉南越王博物馆馆藏鸡首壶

但需要注意的是，鸡首壶的鸡首形态万千，壶鋬也各不相同。因此，鸡首壶的修复应该根据实际情况，而不是完全依据参照器物的形态去实施保护修复。本项目的鸡首壶具体修复措施如下：

首先对鸡首壶进行清洗，去除各类附着物，补配时先使用蜡片对现存的盘口进行翻模，将残缺的盘口补全。再根据壶鋬残余部分和参照器物，确定壶鋬的走势和大致宽度，用速干胶做出骨架，再利用 509 胶水、滑石粉及砂纸进一步打磨塑形，直至与器身整体协调。塑造鸡首时，依据参照器物，先做出鸡冠和鸡头的主体部分，然后雕刻出鸡的眼睛，再打磨各处细节（图 2-45）。因为修复壶鋬和鸡首时缺乏充足、确切的依据，修复只是表现出其最有可能存在的一种形态，所以上色时必须进行差异化处理，不能与本体颜色完全一致，避免传达错误的文物信息（图 2-46）。

图 2-45　鸡首壶修复过程

图 2-46　鸡首壶修复后

六、对于严重破碎器物的粘接

破碎是指器物因外力作用造成的碎裂。本项目中个别器物破碎极为严重，拼接难度较大，下面以图 2-47 所示青白釉莲瓣座温壶为例，说明对于严重破碎器物的粘接。

图 2-47 青白釉莲瓣座温壶

本项目的青白釉莲瓣座温壶可分为注子、注碗两个部分。其中，注子宽 14.8 厘米、高 18.9 厘米、口径 3.8 厘米、底径 8.0 厘米，重 813.9 克，小口、直颈、丰肩、圆腹，圈足，肩设弯曲长流，对称处设双带饰柄，腹部之上有刻划花纹饰；注碗高 14.7 厘米、口径 18.3 厘米、底径 8.9 厘米、足高 2.5 厘米，重 461.4 克，注碗为六瓣葵口，瓜棱深腹，高圈足，形似盛开的荷花，碗底有 5 个支钉痕。该器物胎土较细腻致密，体薄透光，釉色莹润，白中泛青，青中显白，注子、注碗纹饰浑然一体，调和柔美；主要病害为破碎严重且存在不当粘接和胶体老化的现象，此外注子和注碗均有大面积的残损，注子纽盖缺失。

对这类破碎严重的瓷器实施粘接之前，需要通过现状调查掌握器物胎、釉、彩的状况，为选择粘接材料、确定粘接范围提供依据。具体修复措施如下：

首先，对原有的不当粘接进行拆卸，用超声波清洗机、手术刀、相关化学试剂等工具去除碎片之间的老化胶体，这项处理是保证后续粘接质量的基础。随后，对器物进行预拼接，拼接时使用纸胶带将碎片临时固定，确认好每一片的位置，确定局部碎片粘接的前后顺序，再使用环氧黏合剂按照之前确定的拼接顺序逐次进行粘接。注子粘接过程中，遇到了一片“悬空”难以确定位置的瓷片，我们通过观察注子内部的弦纹、外壁的纹饰、瓷片上下走势，同时测量器物破损边缘和残片的厚度，最终确定了其具体位置（图 2-48）。最后再使用常规的翻模和补配手段，对器物残缺之处进行了补全（图 2-49）。

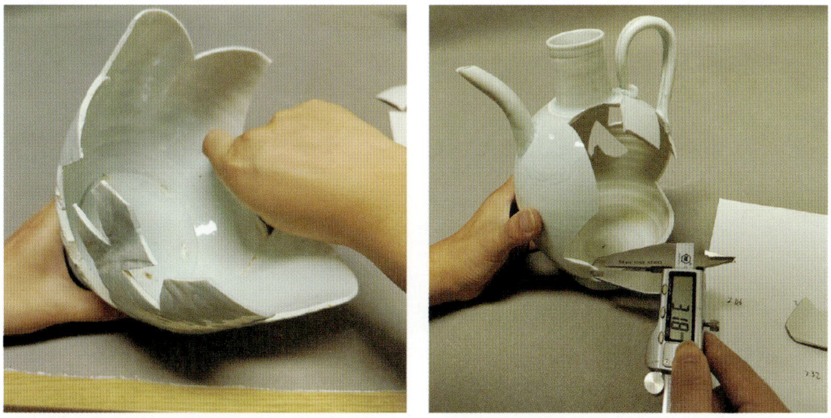

图 2-48　青白釉莲瓣座温壶粘接过程

图 2-49　青白釉莲瓣座温壶粘接、补配后

第九节　修复前后对比

本项目中的陶瓷文物修复前后对比详见表 2-8。

表 2-8　本项目中的陶瓷文物修复前后对比

藏品编号	藏品名称	修复前	修复后
00091	青釉划花斗笠瓷碗		
00095	硬陶四神罐		
00199	青釉划花瓷碗		

续表2-8

藏品编号	藏品名称	修复前	修复后
00225	青釉瓷水注		
00559	陶豆		
00585	白陶盘		
00643	红陶纺轮		

续表2-8

藏品编号	藏品名称	修复前	修复后
00834	白釉盘口瓷瓶		
00836	青白瓷子母粉盒		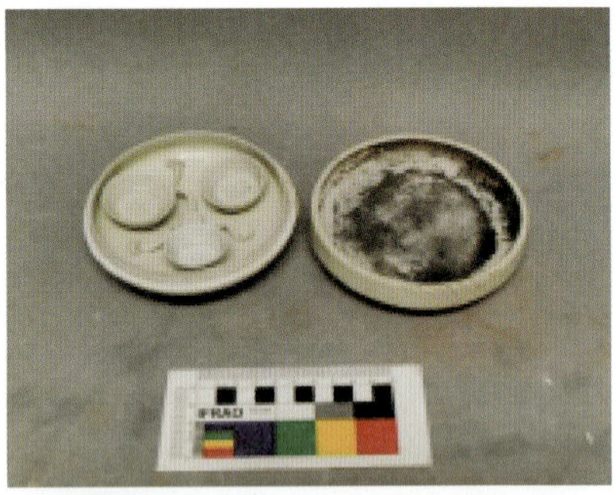
00855	霁蓝釉盖罐		
00856	酱釉瓷盖罐		

续表2-8

藏品编号	藏品名称	修复前	修复后
00908	白釉菊瓣纹瓷碗		
00921	白釉瓷执壶		
00939	白釉瓷碗		
00950	青白釉瓷执壶		

续表2-8

藏品编号	藏品名称	修复前	修复后
00953	耀州窑青釉印花瓷碗		
00098	青釉葵口瓷碗		
00888	青釉高足瓷碗		
00088	青釉瓷碟		

续表2-8

藏品编号	藏品名称	修复前	修复后
00090	青釉葵口瓷碗	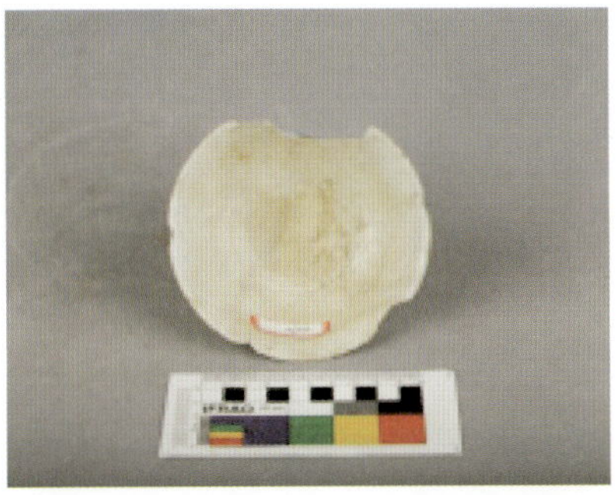	
00105	青釉双系瓷执壶		
00108	青瓷盘口壶		
00110	青瓷瓜棱高颈壶		

续表2-8

藏品编号	藏品名称	修复前	修复后
00176	青瓷堆塑瓶		
00177	霁红大瓷瓶		
00180	白釉盘口瓷瓶		
00187	青釉高足瓷碗		

续表2-8

藏品编号	藏品名称	修复前	修复后
00191	青花水波纹高足瓷碗		
00200	青釉划花瓷碗		
00237	青花花草纹瓷盘		
00238	青花花卉纹瓷盘		

续表2-8

藏品编号	藏品名称	修复前	修复后
00256	青瓷盘口执壶		
00538	彩绘平底陶鼎		
00581	红陶钫		
00582	红陶壶	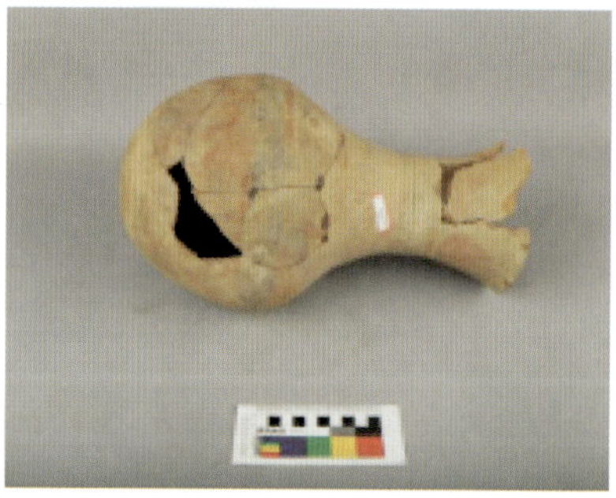	

续表2-8

藏品编号	藏品名称	修复前	修复后
00668	青釉水波纹高足碗		
00837	白釉划花瓷梅瓶		
00838	青白釉瓷执壶		
00840	青白釉瓷执壶		

续表2-8

藏品编号	藏品名称	修复前	修复后
00863	青釉瓷碗		
00882	白釉撇口斗笠瓷碗	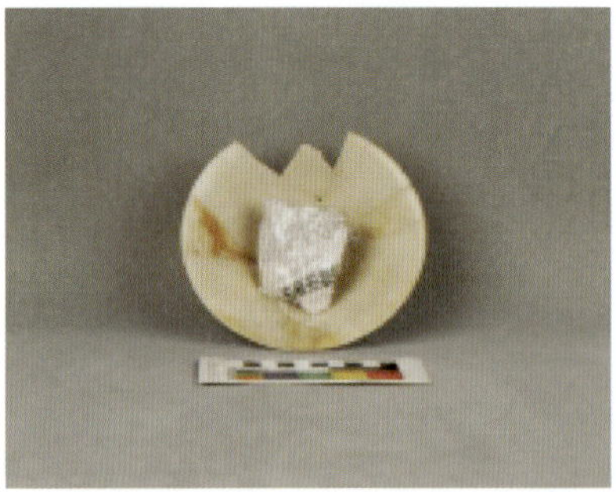	
00913	青釉瓷碗		
00940	白釉瓷碗		

续表2-8

藏品编号	藏品名称	修复前	修复后
00942	青白釉瓜棱执壶		
00947	青釉菊瓣水波纹高足瓷碗		
01017	青瓷碟		
01054	青釉斗笠撇口瓷碗		

续表2-8

藏品编号	藏品名称	修复前	修复后
08892	青白釉莲瓣座温壶		
08897	清青花盖缸	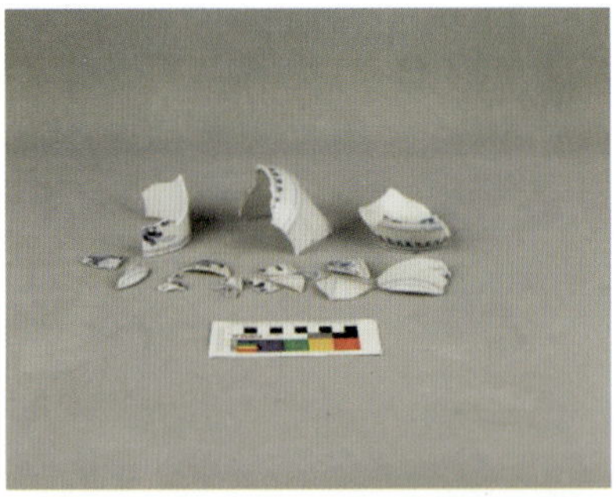	
08896	清豆青花双耳瓶		
00103	明青瓷灯盏		

第三章
罗田县博物馆馆藏陶瓷文物研究专题

第一节　青白瓷蝴蝶结纹执壶的制作特点及艺术风格

一、以执壶为载体的蝴蝶结纹

蝴蝶，是自然界中一种优美而弱小的昆虫，其形象与舞姿一直受到人们的喜欢，是艺术作品中常见的素材。蝴蝶在古文献中最早见于《庄子・齐物论》：“昔者庄周梦为胡蝶，栩栩然胡蝶也。自喻适志与，不知周也。俄然觉，则蘧蘧然周也。不知周之梦为胡蝶与，胡蝶之梦为周与？周与胡蝶，则必有分矣。此之谓物化。”[6]庄子通过对人与物关系的思考，提出这一永恒的哲学命题——物我同一，天人合一。自南朝起，蝴蝶成为诗人笔下自由与爱情的象征。

明清时期的瓷器常见蝴蝶的形象，由于该时期瓷器釉彩丰富与烧造技术提高，蝴蝶的形象绚丽多彩，兼具真实性与美感。在此之前，蝴蝶的形象曾以刻划、贴花、堆塑等工艺形式出现在瓷器釉面之上。罗田县博物馆馆藏的北宋时期青白瓷蝴蝶结纹执壶（图 3-1），带盖、盘口、卷唇外翻、颈部较长、溜肩、弧腹、长曲流，扁条形柄的一端贴附于颈上，柄身压印条带与乳钉纹，肩部对称附半环形双系，壶身布满小开片，灰白色胎，釉层较薄，青中泛黄。这件执壶的特色在于壶嘴下贴塑蝴蝶结纹饰。

瓷器表面堆塑蝴蝶结的形象并不多见，就目前的资料来看，最早可见于唐代，相关器物主要发现于安徽地区，初期主要在制作较为粗糙的宣州窑酱釉或褐釉罐与执壶之上发现。至宋代，除一些尚未明确窑口的器物，此类装饰多出现在繁昌窑所烧造的青白瓷执壶上。此外，江西、湖北也有出土零星的宋代堆塑蝴蝶结纹饰的青白瓷执壶。

图 3-1　青白釉瓷执壶

罗田县博物馆馆藏的这件执壶（图 3-1），目前由于出土资料有限，尚无法确认是本地窑口自主设计生产烧造的，还是借鉴同一时期其他窑口生产的瓷器烧造的，又或是通过商业贸易活动直接从其他地区而来。但从目前出土资料来说，这种蝴蝶结纹饰在宋代多以青白瓷执壶为载体，且目前安徽、江西和湖北出土的带有此种蝴蝶结纹饰的器物多属于唐五代至宋代，与青白瓷的创烧时期以及青白瓷的起源地有着紧密的联系。

二、五代至宋代烧造青白瓷执壶的窑口

青白瓷是唐末五代时期南方新兴的瓷器品种，釉色介于青、白之间，它的出现打破了隋唐以来中国“南青北白”的瓷业地理格局，是在唐末五代南北制瓷工艺不断交流融合的过程中诞生的。传统观点认为青白瓷是景德镇在北宋时期创烧的，但随着在繁昌窑以及湖北地区湖泗窑址群发现五代时期即已烧造青白瓷的证据，加之景德镇在五代时期只烧造青、白瓷，并未发现青白瓷窑址，多数学者认为青白瓷的起源并不能以景德镇一家独断，繁昌窑与包括青山窑、浮山窑在内的湖泗窑址群也是探索青白瓷起源的重要突破。

（一）安徽地区发现的蝴蝶结纹执壶

目前安徽地区发现的青白瓷蝴蝶结纹执壶多属于繁昌窑产品，还有一些出土文物由于资料有限尚无法判定来源。

繁昌窑遗址是繁昌县城关镇及其附近地区分布的众多瓷窑遗址的统称，包括柯家冲、骆冲等数个地点。繁昌窑创烧于五代，衰落于宋代晚期，是目前已知的我国最早烧造青白瓷的窑口，专烧青白瓷。[7]繁昌位于皖南北部，长江南岸，处于唐代以来形成的“南青北白”瓷业格局的中间地带。繁昌窑成功烧成青白瓷是我国南北瓷业生产及交流融合的结果。

繁昌窑最早采用瓷石加高岭土的“二元配方”制瓷工艺，将当地瓷石和含有铝元素的高岭土两种原料混合烧制。[8]传统上认为二元配方是景德镇在元代初年首创的，但经对繁昌窑胎料化学组成及制瓷工艺的研究，发现其五代已经使用二元配方工艺制作青白瓷了。除了创造先进的“二元配方”工艺技法，繁昌窑在此期间还采用了一种叫作“一钵一匣”的装烧方法。[9]即使用漏斗形匣钵加垫柄组合的“一钵一匣”仰烧法，可提升器物质量。

繁昌窑青白瓷执壶通常以素面为基础，常见花口、瓜棱执壶。宋黎藜在《宋代吹笙人物执壶的断源争论暨繁昌窑考察》一文中提到，这种在青白瓷器上装饰蝴蝶结纹饰的技法属于繁昌窑特色装饰技法，并指出这种技法与宣州窑址瓷器（图 3-2 至图 3-5）有着千丝万缕的关系[10]。图 3-2 至图 3-4 所示为唐代宣州窑瓷器，器物上的蝴蝶结纹饰似有一种初创时期的随意、粗放之感，器物的釉色为酱釉或褐釉；图 3-5 所示为宋代宣州窑青釉瓷器，器物上的蝴蝶结纹饰较前述唐代的三件器物更为规整。

图 3-2　唐代宣州窑罐

图 3-3　唐代宣州窑褐釉双蝴蝶结纹执壶

图 3-4　晚唐五代时期宣州窑执壶

图 3-5　宋代宣州窑青釉蝴蝶结纹执壶

（来源：宋黎藜《宋代吹笙人物执壶的断源争论暨繁昌窑考察》）

到了宋代，这种蝴蝶结纹饰多以青白瓷为载体。如图 3-6 所示现藏于怀宁县博物馆的宋青白釉双系盘口堆花执壶，器物为青白釉，釉色较白，长曲流，流根部贴塑六瓣蝴蝶结纹，蝴蝶结内部饰“S”形纹，双绶带自然下垂，下端外卷。图 3-7 所示为现藏于安徽博物院的北宋影青釉蝴蝶结纹瓜棱执壶，出土于安徽省宿松县北宋元

图 3-6　宋青白釉双系盘口堆花执壶

（来源：《中国出土瓷器全集》安徽卷）

图 3-7　北宋影青釉蝴蝶结纹瓜棱执壶

（来源：《安徽博物院馆藏唐宋时期陶瓷执壶》）

祐二年（公元 1087 年）墓，器物釉色青中泛黄，盂形口、细颈、溜肩、长曲流、扁条形把手、圈足，上腹部压印六瓣瓜棱形纹饰，下腹部装饰六瓣仰莲纹，流的根部贴塑蝴蝶结纹饰。

图 3-2 至图 3-5 所示宣州窑瓷器与文献记载的宣州窑瓷器以及出土的带有“宣州官窑”字样的瓷器之间的关系存在争议，但宣州窑和繁昌窑同处于古宣州地区，多数学者目前对于繁昌窑即文献所记载的宣州窑是持肯定意见的。因此创烧于五代时期的繁昌窑，其青白瓷执壶装饰蝴蝶结纹饰，可能与古宣州地区早期生产的带蝴蝶结纹饰的执壶与罐有关。

（二）江西与湖北地区发现的青白瓷执壶

江西与湖北地区也是探索青白瓷起源的重要地区。尽管在青白瓷的创烧问题上，“繁昌窑在五代时期已经成功烧造了青白瓷”这一论断，打破了以往认为的“青白瓷由景德镇在宋代创烧”这一论断，但江西地区仍然是探索青白瓷起源的重要地区之一。图 3-8 所示为 1972 年景德镇舒氏墓出土的青白瓷执壶，执壶流的根部堆塑蝴蝶结纹饰。

湖北地区也发现有烧造青白瓷的窑口，如分布于湖北省武汉市江夏区南部的梁子湖与斧头湖之间的湖泗窑址群，包括王麻窑、青山窑、浮山窑等窑口。湖泗窑址群的烧造年代上起唐末五代时期（主要烧造年代为宋代），下至元明时期，烧造的瓷器以青白瓷和青瓷这两种瓷系为主。它的发现填补了长期以来宋瓷研究中“湖北无瓷窑”的空白，更是将湖北地区也列为研究中国青白瓷起源的关键地。图 3-9 所示为现藏于武汉大学万林艺术博物馆的宋青白釉执壶，出土于湖北黄陂铁门坎遗址宋代墓葬，器物为瓜棱腹，流根部有单股泥条捏成的五瓣蝴蝶结纹饰。此外，湖北英山县博物馆收藏的青白瓷执壶中也有两件流部贴塑蝴蝶结纹饰的执壶，如图 3-10 和图 3-11 所示。

图 3-8 1972 年景德镇舒氏墓出土执壶

（来源：宋黎藜《宋代吹笙人物执壶的断源争论暨繁昌窑考察》）

图 3-9　宋青白釉执壶

（来源：武汉大学万林艺术博物馆）

图 3-10　青白釉双系执壶

（来源：英山县博物馆）

图 3-11　宋青白釉双系执壶

（来源：英山县博物馆）

三、区域间的交流

江西与湖北地区发现的青白瓷蝴蝶结纹执壶，外观与同时期安徽地区出土的执壶相近，虽然没有充分的证据推断江西与湖北地区出土的青白瓷蝴蝶结纹执壶是本地窑口模仿繁昌窑的特色装饰技法烧造的，还是直接来源于安徽，但是可以体现该时期区域间古陶瓷生产技术及装饰艺术的交流与借鉴。

安徽、湖北、江西三省相邻，同属于长江中游地区，在五代至北宋时期，三个省份率先完成了青白瓷的创烧。就目前的考古资料，繁昌窑是我国最早烧造青白瓷的窑址，不排除随着瓷窑考古的进展，更多的青白瓷发源地被发现。但是无论如何，安徽、湖北、江西三省在青白瓷起源问题的探索中都处于重要地位。

以蝴蝶结纹贴塑于青白瓷执壶的流部作为装饰，属繁昌窑特色的装饰技法，这种瓷器在安徽其他地区、湖北以及江西地区的墓葬均有出土，反映了区域间的交流与借鉴。这种区域间的交融超越了地理位置的限制。早在新石器时代，分属不同考古学文化的先民便跨越山河进行交流与融合，作为山东龙山文化名片的蛋壳黑陶高柄杯出现在湖北襄阳凤凰咀古城，这种文明的输出绝非孤例。在今朝鲜、日本、菲律宾、印度、巴基斯坦等国都出土了中国唐五代时期的陶瓷。文明因多样而交流，因交流而互鉴，因互鉴而发展。

第二节　四神与十二生肖形象在宋代陶瓷丧葬器上的表现形式

在南方宋墓中常出现四神与十二生肖形象。四神与十二生肖都是在原始社会图腾崇拜与星宿崇拜中兴起的，在天文学中用以表示时间与方位，文化内涵丰富，并不断地渗透到社会生活的方方面面，以丧葬文化中的应用最具特色。四神与十二生肖常常组合出现在墓室中，或以生肖俑、四神俑的形式，或堆塑在专为随葬而烧造的魂瓶上，或以壁画形式出现在象征宇宙的墓顶上，又或是以线刻的手法刻于棺椁四周。无论何种形式的四神与十二生肖，都是按固定的位置摆放或绘制的，在丧葬文化中表示时间与空间，镇墓辟邪、保护墓主亡灵平安。

罗田县博物馆馆藏的四神俑、塔式瓶、皈依罐、魂瓶涉及四神与十二生肖形象。此外，罗田县博物馆馆藏的魂瓶与江西出土的同时期的魂瓶极其相似，四神下堆塑十二辰俑。罗田当地也曾出土十二辰俑，现藏于湖北省博物馆。罗田县博物馆馆藏的这批关于四神与十二生肖的丧葬器属于宋代，一方面为我们研究宋代丧葬文化提供了资料；另一方面，追溯四神与十二生肖形象，有助于我们进一步了解古人的观天授时。

一、四神与十二生肖形象起源

四神，又称四灵、四象，指青龙、白虎、朱雀、玄武四种动物形态神灵的组合，它们的形象分别为龙、虎、鸟、龟蛇，代表着天之四方。十二生肖，即子鼠、丑牛、寅虎 、卯兔、辰龙、巳蛇、午马、未羊、申猴、酉鸡、戌狗、亥猪，是十二种动物与十二地支相配结合而成的，是我国传统的纪时、纪月与纪年的方式。四神与十二生肖经历了漫长的发展演变过程，二者的起源具有相似性，都是在原始社会图腾崇拜与星宿崇拜中兴起的。

（一）图腾崇拜

“四神”与“十二生肖”形象源于原始部落的图腾崇拜。远古时期，人们对自然的掌握及控制力很低，在狩猎活动中，常遭受猛兽的袭击，产生了畏惧心理，人类为了寻找精神寄托，求助于一种具有超自然能力的神保护自己，于是产生了以动物作为图腾的崇拜现象。氏族部落不同，图腾崇拜也不同，随着图腾各异的氏族之间联姻，或者因抵御强敌的战略需求，族群从独立走向合并，合并后的族群会取先前图腾的部分组合成新的部族图腾。四神形象中的青龙、白虎、朱雀、玄武以及十二生肖中的龙分别是对现实中动物的整合而形成的。随着人们开始定居生活，马、牛、羊、鸡 、狗、猪等用来营生的动物对人们生活的影响越来越大，人们也把这些动物选入图腾中。十二生肖中除龙之外的其他十一种形象都是来自现实中的动物。[11]图腾崇拜推动了以龙、虎、鸟、龟蛇为形象的“四神”雏形的形成和发展。到了春秋战国时期，“四神”逐渐褪去了作为图腾的原始色彩，与当时的动物分类观念和星宿崇拜相结合。

（二）星宿崇拜

仰望星空，此时旅行者 1 号和旅行者 2 号探测器经历了长达 40 余年的飞行，正朝着太阳系外层空间飞跃。星空，曾是人类遥不可及的神秘领域。自 20 世纪 50 年代第一颗人造卫星发射上天，人类目前已发射了 100 多个空间探测器，探索太阳系除地球外的其他行星。

对星空的探索，可追溯至原始社会。远古时代，人们为了指示方向、确定时间和季节，而用肉眼对太阳、月亮和星星进行观察，确定它们的位置、找出它们变化的规律，制定历法，指导农业生产。“四神”形象最初来源于先民原始的识星方式。古人为便于农业耕作，需要掌握四时节气，他们对星空的长期观察最终产生了原始的天文。我国古人通过观察和记录太阳每天在天空中的位置变化，绘制出太阳一整年的运动轨迹，即黄道。在黄道附近的带状区域内，以北斗星斗柄所指的地方为起点，从西往东分布着二十八颗明亮的恒星，因为恒星的相对位置在几千、几万年甚至更长时间内都保持不变，所以古人以恒星为参照物，记录所有星星的位置。将二十八颗恒星分别与其附近的星星组队，称为二十八宿。二十八宿就是黄道附近二十八组星象的总称。又将二十八宿按其方位及季节变化分为四象，实际上是把天空分为四部，东、南、西、北四宫，每宫七宿，分别将各宫所属七宿连缀想象为一种动物，春分时节在东部天空的七个星宿组成一个龙的形象，称东方青龙七宿；春分时节在北部天空的七个星宿形成一组龟蛇互缠的形象，称北方玄武七宿；春分时节在西部天空的七个星宿形成一个虎的形象，称西方白虎七宿；春分时节在南部天空的七个星宿又形成一个鸟的形象，称南方朱雀七宿。即东方青龙，南方朱雀，西方白虎，北方玄武。也就是今天所称的四神。[12]古人通过星象由粗到细地深入认识每一颗星，将错落无章的星空梳理得层次分明、井然有序。随着人们对日月运行、昼夜消长等认识逐步深化，产生了十天干与十二地支相结合的干支纪年法，为方便普通百姓对时间的掌握，将十二生肖与十二地支相配用以纪时纪年以及代表方位。[13]

二、四神与十二生肖形象载体

（一）十二生肖俑

俑，是古代丧葬活动中最常见的明器，以陶质为主，也有瓷质、木质、三彩俑。目前较明确的是，将十二生肖形象应用于随葬俑的制作中，最早见于北朝时期，这一时期是十二生肖俑的初期阶段；唐宋时期是十二生肖俑的盛行期，这一时期上至帝王下至庶民均可随葬十二生肖俑，但尺寸、大小等方面根据墓主身份等级不同有着严格的区分；南宋末期逐渐消失。

十二生肖俑经历了从写实动物到兽首人身、人物怀抱生肖俑等形式的演变。最早以写实动物形象出现于山东临淄北朝崔氏墓，是目前发现最早的生肖俑。[14]随着时代发展，逐渐演变为兽首人身生肖俑以及人物带生肖俑。其中，人物带生肖俑又分为人物怀抱生肖俑、人物头顶生肖俑以及少量的足边生肖俑，每一种类型又可分为坐姿与站姿两种。兽首人身生肖俑（头部为生肖动物，身体为人像，着交领或圆领长袍，宽袖或窄袖，双手拱手于胸前）是生肖俑中最常见的形象。北朝主要流行写实动物生肖俑。隋唐时期，流行兽首人身坐姿生肖俑，同时出现人物怀抱生肖俑和人物头顶生肖俑。中晚唐时期出现了坐姿向站姿转变的趋势。五代至辽宋时期流行站姿兽首人身生肖俑、人物怀抱生肖俑、人物头顶生肖俑。[15]宋代十二生肖俑多以人像为主，动物像退居次要地位，仅以较小的形象点缀于人像身体的不同位置，并且生肖动物所处的位置也存在着一定的演变规律，随年代的推移而不断地下移。南宋晚期，生肖动物的形象逐渐消失，仅是在文官俑器座部位书写“子”“丑”“亥”等十二地支字样来表现十二生肖。[16]

出土资料表明，随葬生肖俑是南方地区特有的丧葬习俗，虽生肖俑最早出现于北方，但却没有形成完整的演变系列，隋唐时期，生肖俑在两湖地区迅速流行扩张，以坐姿兽首人身生肖俑为主流，湖北地区就有此类生肖俑出土。如出土于武汉市武昌桂子山，现藏于中国国家博物馆的青瓷鼠、牛、猴俑，以及出土于武昌马房山，现藏于武汉市博物馆的隋代灰陶十二生肖俑（图 3-12）。湖南地区也有此类生肖俑，多出土于长沙。除坐姿兽首人身生肖俑外，还出现了人物头顶生肖俑和人物怀抱生肖俑。如武汉市杨家湾出土的隋代生肖俑为坐姿人物怀抱生肖形象，见图 3-13。这一时期墓中随葬生肖俑扩展到江苏、福建、四川等地。从目前湖北地区出土的生肖俑（图 3-14 至图 3-16）来看，以隋唐时期最为繁荣，其中不乏完整的 12 件套，成为证明湖北地区作为隋唐时期盛行生肖俑随葬的中心的关键材料。五代至辽宋，生肖俑的中心开始由两湖地区转移至四川、江西、江浙地区，但已呈衰落之势。出土于罗田的南宋十二生肖俑（图 3-17）证明了在南宋时期的湖北地区，生肖俑的随葬习俗并未消失。

图 3-12　隋代灰陶十二生肖俑

（来源：武汉市博物馆）

图 3-13　隋代生肖俑（牛、虎、马、羊）

（来源：武汉大学万林艺术博物馆）

图 3-14　唐代生肖俑

（来源：武汉大学万林艺术博物馆）

图 3-15　唐青瓷蛇俑、鼠俑

（来源：湖北省博物馆）

图 3-16　唐代生肖俑

（来源：武汉大学万林艺术博物馆）

图 3-17　南宋青白釉十二生肖俑

（来源：罗田县博物馆）

（二）四神俑

目前考古资料中四神的形象主要见于铜镜、壁画、画像石、魂瓶以及瓦当等建筑材料中，以俑为载体的四神形象较少出现。罗田县博物馆馆藏的这套陶质四神俑（图 3-18 至图 3-22），保存完好，时代属于南宋时期，罗田县匡河乡汪家桥村出土。[17]40 除朱雀俑外，其余均有底座。

图 3-18　罗田县博物馆馆藏南宋硬陶四神俑

图 3-19　青龙俑

图 3-20　白虎俑

图 3-21 朱雀俑

图 3-22 玄武俑

江苏溧阳北宋李彬夫妇墓也出土有完整的四神俑（图 3-23），其尺寸较罗田县博物馆馆藏的四神俑（图 3-18）大。青龙，身施绿色琉璃釉，背鳍为黄色琉璃釉，昂首翘尾，张口怒目；白虎，脊为姜黄色釉，余皆淡黄色琉璃釉；朱雀，长冠高耸，展翅翘尾，呈欲飞之势，琉璃朱红釉；玄武，龟伏地作爬行状，蛇盘绕龟体，红陶无釉。[18]

图 3-23 江苏溧阳北宋李彬夫妇墓四神俑

（来源：收藏快报，2022 年 4 月 30 日）

（三）魂瓶

宋墓多出土堆塑十二生肖的魂瓶，或四神单独出现，或二者组合出现。魂瓶是一种流行于中国南方地区的明器，由汉代的五联罐演变而来，在不同的时期由于不同的特点被称为谷仓罐、五联罐、五管瓶、堆塑罐、塔式罐。[19]宋代魂瓶流行堆塑四神与十二生肖图案，并融入了佛教因素，出现了塔式堆塑罐。

（1）四神单独出现

罗田县博物馆馆藏的堆塑四神形象的器物有硬陶四神罐以及皈依罐。

图 3-24　硬陶四神罐

罗田县博物馆馆藏的硬陶四神罐（图 3-24）是三级文物，出土于汪家桥村宋墓，其所属年代为南宋，白陶质，弧腹，圈足，下腹刻划莲瓣纹，肩部凸起一周荷叶状棱线，塔状盖，线刻花瓣。硬陶四神罐融合了四神元素与佛教“塔”的元素，其肩部分别等距离堆塑四神，代表天之四方，东方青龙（图 3-25）、西方白虎（图 3-26）、南方朱雀（图 3-27）、北方玄武（图 3-28），四神严格按方位排列，随葬于墓中。

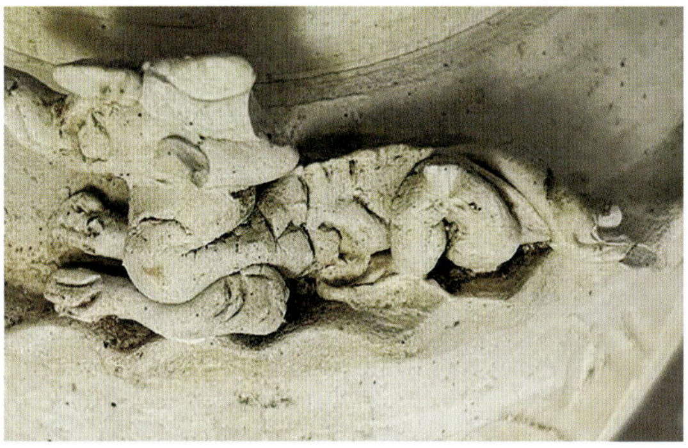

图 3-25　青龙堆塑

图 3-26　白虎堆塑

图 3-27　朱雀堆塑

图 3-28　玄武堆塑

罗田县博物馆馆藏的皈依罐如图 3-29 所示，陶质，其所属年代为宋代，肩部与下腹部做棱状凸起，颈部堆塑 3 个坐姿人俑、朱雀以及青龙，盖上等距离堆塑 4 个坐姿人俑。

图 3-29　罗田县博物馆馆藏皈依罐

图 3-30　宋代青釉划花堆塑瓶

（来源：《中国出土瓷器全集》湖北、湖南卷）

武汉市江夏区博物馆馆藏的宋代青釉划花堆塑瓶（图 3-30），肩部亦堆塑四神形象，盖呈塔形。

此外，江西地区也出土了很多带有四神形象的堆塑罐。如江西省博物馆馆藏的元青花釉里红堆塑四灵塔式盖罐，应为景德镇窑产品。其基本形制为平口、短颈、溜肩、鼓腹、最大腹径在上部、平底；盖作喇嘛塔状，塔内有一坐佛；胎质细腻，施青白釉；肩部均匀地贴塑青龙、白虎、朱雀、玄武四灵。

（2）四神与十二生肖堆塑罐

四神与十二生肖常组合出现在专为随葬而烧制的魂瓶中。例如，现收藏于太湖县文物管理所的白釉贴刻花瓶（图 3-31），年代为唐代，1973 年出土于安徽省太湖县赵河乡黄下村。该器物为塔刹形盖，上腹和腹中部堆塑绳纹边棱，边棱之间等距离堆塑兽面人身十二生肖俑，生肖俑为站姿，双手抱于胸前。十二生肖之上堆塑四神。此件器物中兽首人身生肖形象较为清晰。但发展至宋代，随着兽首人身生肖俑演变为站姿人物怀抱生肖俑，置于魂瓶之上的十二生肖逐渐简化。

图 3-31　唐代白釉贴刻花瓶

（来源：《中国出土瓷器全集》安徽卷）

罗田县博物馆馆藏的魂瓶与江西出土的同时期的魂瓶极其相似，基本形制为长直颈，弧腹修长，腹部上下内收，圈足外撇，肩部与颈部堆塑四神、十二生肖俑或其他瑞兽，胎质灰白、施青白釉。考虑到南宋时期墓中随葬的十二生肖俑已呈简化衰落之势，由人物怀抱或手持生肖俑简化为仅在文官俑底座刻十二地支字样，以象征性地表示方位与时辰。此时堆塑十二生肖的魂瓶代替十二生肖俑，承担其守护墓主安宁，祈祷墓室永固的职责。考虑到魂瓶作为器物的尺寸，魂瓶肩部堆塑的人俑虽无法明确辨别是否为手持生肖的人俑，但可以确认的是它们与隋唐时期盛行的生肖俑具有相同的功能。

图 3-32 所示为罗田县博物馆馆藏的南宋青瓷堆塑瓶，灰白胎、青白釉，口沿与盖缺失，长直颈，腹部修长且下收，肩部堆塑出平台，平台上置 10 个站立人俑，颈部堆塑四神图案。

图 3-32　罗田县博物馆馆藏青瓷堆塑瓶

图 3-33 所示南宋青白釉堆塑长颈瓶，1965 年出土于江西省清江县薛溪公社南宋嘉定四年（公元 1211 年）墓，其所属年代为南宋，现藏于江西省博物馆；盂形口、长腹，最大腹径在上部，腹向下斜收，圈足外撇；盖高且耸立一鸟做展翅欲飞状；一瓶颈部贴塑 13 个站立人物和一龙纹，另一瓶贴塑 12 个站立人物和一虎纹，其间塑贴小蛇穿行于日、月、云之间。

图 3-34 所示南宋青白釉堆塑长颈瓶，1977 年出土于江西省南昌县幽兰公社南宋嘉定二年（公元 1209 年）墓，现藏于江西省博物馆；肩上托站立人物 13 个，围成一圈；一瓶塑龙，一瓶塑虎，上贴塑流云托日和龟蛇。

图 3-35 所示元青白釉堆塑龙虎纹瓶，1951 年于江西贵溪元代第三十六代张天师墓出土，现藏于江西省博物馆；颈腹间以一凸棱分隔，颈的下部凸棱上塑有文、武立俑，共 12 个；左右堆塑鸡、犬、马、鹿、玄武等，上部堆塑缠绕的龙虎，周围以朱雀、祥云点缀。

图 3-36 所示元青白釉堆塑长颈瓶，出土于湖北省黄冈市黄州区路口镇，现藏于黄冈市博物馆；颈中部为龙纹，龙身上下为云纹，龙身中部为云纹托日，颈中下部对称塑一马、一鹿，龙首下塑一神仙；颈下部塑人物 11 个环绕立于颈肩交接处外展小沿之上。

图 3-33　青白釉堆塑长颈瓶

（来源：《中国出土瓷器全集》江西卷）

图 3-34　青白釉堆塑长颈瓶

（来源：《中国出土瓷器全集》江西卷）

图 3-35　青白釉堆塑龙虎纹瓶

（来源：《中国出土瓷器全集》江西卷）

图 3-36　青白釉堆塑长颈瓶

（来源：《中国出土瓷器全集》湖北、湖南卷）

三、四神与十二生肖在墓中的摆放规律及寓意

四神与十二生肖起源于原始社会的图腾崇拜与星宿崇拜，至唐宋时期又成为丧葬仪式中不可缺少的用以镇墓的随葬品。四神与十二生肖形象与日常生活紧密相关，其产生于原始先民对时间与方位的记录，为农业生产活动提供保障。

四神代表天之四方，壁画、画像石中的四神形象严格按照四神各自代表的方位，东方青龙、西方白虎、南方朱雀、北方玄武。十二生肖表示方位比四神更加精确，按照子午方向顺时针方向排列，往往和四神图案一起出现，十二生肖不仅代表空间，也代表时间，希望十二时辰神灵轮流执勤守护墓主，体现了时空循环往复之意。[20]俑、壁画、画像石以及棺椁上绘制或雕刻的四神与十二生肖形象严格按照各自所属的方位设置。南宋时期生肖俑衰落退化，但十二生肖与四神守护墓主，镇守墓内空间的功能并未消失。从宋元时期出土的为数众多的塔式瓶、堆塑罐上可以看出这一功能转移至丧葬器——魂瓶中。

历经几千年的发展演变，四神与十二生肖形象已经成为宇宙秩序理论的象征符号，今天我们得以从考古资料中理解古人的宇宙观与生死观，世间万物，唯宇宙永恒，古人仿宇宙营造墓室，期待已经结束的生命在这“永恒的宇宙”中继续，周而复始，生命永恒。

第三节　唐宋时期执壶造型和功能演变

本项目中有一件造型精美的北宋青白釉莲瓣座温壶（图 3-37），出土于罗田县凤山镇丰衣坳村二组。温壶由注子和注碗组成，是宋代盛酒和温酒用具；造型为小口，

图 3-37　北宋青白釉莲瓣座温壶

直颈短而细，溜肩，腹部略呈椭圆状，长而弯曲的流部，带状圆柄竖立于肩上，顶端与壶口同高，高圈足，与之配套的注碗呈莲瓣形，腹壁深稍呈圆弧，近底处收敛，圈足较高；碗身刻花卉纹，注碗内底部有支钉痕迹；胎质细腻坚实，呈灰白色，表面施青白釉，釉色莹润、白中泛青，造型规整，工艺精细，属景德镇窑制品。这种温壶是用以温酒的盛储与斟酌用具，注子与注碗配套使用，兴起于五代，盛行于宋代。使用时，碗中盛有热水，将斟满酒的注子置于注碗中加热可保持酒温。

除了这件温壶，罗田县博物馆还有这类流柄兼具，承担倾注液体功能且便于执拿的壶（图 3-38 至图 3-42），这类壶如今被统称为“执壶”。

图 3-38　青白釉瓷执壶

图 3-39　青白釉瓷执壶

图 3-40 青白釉瓜棱执壶

图 3-41 白釉瓷执壶

图 3-42 青白釉瓷执壶

一、执壶的起源

陶器，出现于新石器时代早期。随着农业生产的发展，人们开始了定居生活，由于盛储食物与水和炊煮熟食的需要，在生产力发展到一定水平后，陶器被先民创造出来。先民在与大自然共存的过程中偶然发现，经过火烧的黏土会变成一种坚硬的新的物质，随着时间的流逝，这种从实践中得到的经验逐渐发展，最终成为一种大自然原本不存在的物体——陶器。人类最初的造物活动基于模仿自然界已有的物质，有证据表明，最初的陶器是模仿自然界的植物。最原始的陶器，大多呈半圆球形的造型，是对瓜果形体的模拟。[21]壶是人们创造的器类之一，用以盛储酒水、粮食，其最初的形制自然也是模拟。陶壶最初便是仿自瓠瓜的造型，具有球形、圆腹、敛口等瓠瓜的形态特征，在使用过程中，逐步摆脱了自然物瓠瓜的原来面貌，对其造型加以改进。

陶器自产生起，先民在生活与实践中便不断地根据实用功能与审美对其加以改造，创造出人们生活所需的各种器物。西汉初期，在原始器型的基础上产生了盘口壶，由喇叭形口发展至盘口。鸡首壶是在盘口壶的基础上进一步发展形成的，鸡头最初是作为装饰出现的，随后出现了可以流通液体的真正的壶流，还增加了把手便于提拿和倾倒液体。

二、唐宋时期执壶的称谓变化

执壶作为称谓最早见于明代中晚期的文献，但符合其特征的器型自唐代开始出现，历经宋代的发展完善，一直沿用至今。执壶在不同时期依据其功能的不同被冠以不同的名称，唐代时被称为“注子”“偏提”“小口”“瓶”“急须”，宋代除沿袭“注子”“偏提”“瓶”“急须”之名外，又萌生了“汤瓶”“汤提点”等新称谓。

“注子”之称自中唐时期开始出现，宋代沿用注子的称谓，将盛酒与斟酒的器具称为注子，而对点茶所用的执壶称为“汤瓶”“汤提点”。

注子、注碗是中国古代的一种配套使用的温酒器，五代十国时期已出现与注子配合使用的注碗，由唐代注子发展而来，北宋时期相当流行。[22]《辞海》中对“注子”作出如下解释：“古代酒器。用金、铜或瓷制成，另有注碗，注子可坐入注碗中。始于晚唐，盛行于五代至宋元时代。”[23]宋代孟元老《东京梦华录》卷四“会仙酒楼”记载：“凡酒店中，不问何人，止两人对坐饮酒，亦须用注碗一副，盘盏两副，果菜楪各五片，水菜碗三五只，即银近百两矣。”[24]五代南唐顾闳中的《韩熙载夜宴图》，在图最右侧案几上摆有两件注子、注碗，在图中部一侍女端来的托盘内也有一套注子、注碗。

三、执壶的功能与造型演变

（一）执壶的功能

执壶作为盛装液体的器具，根据功能不同有作为斟酒器的执壶与作为斟茶的执壶。唐宋时期的人们对于这种器物，因其不同的用途有不同的叫法：将饮酒用的器物称作注子、酒注；而点茶的器物称为茶瓶、茶注、汤瓶。唐代存在茶酒具混用的情况。宋代，随着制瓷技术的进一步繁荣与酒茶文化的兴盛，执壶在使用时会严格区分。从目前出土的执壶实物来看，酒壶与茶壶在形制上并无明显的不同，在研究中可以依据执壶器身的题字，共同出土的碗、盏、杯等配套器皿，壶内残留物，乃至书画壁画中生活场景来判定。

（二）造型演变

执壶的造型大体上经历由唐代的丰腴圆润到宋代的秀丽轻巧的转变。唐代注子的造型多为敞口或喇叭口，溜肩，鼓腹，平底或浅圈足，壶流为多棱形短壶流，且流口低于壶口。宋代的执壶流部不再塑成多棱形，而是长曲流，壶柄也更弯曲且细长，底足出现高圈足。[25]

由唐至宋，执壶的壶口形态大致经历了由大到小，由曲形外撇到渐而内收的过程；颈部加长，从直阔到曲细；肩部变化不明显，有圆肩、溜肩、折肩造型；壶腹由鼓腹变得更为瘦长，使得壶体重心升高；圈足直径减小且高度增加；流部长度逐渐增加，曲度从无到有并逐渐加强，多棱形流已消失不见，代之圆筒形流，出现了二弯流的造型，流顶端几乎与口沿同高，甚至出现流顶端高于口沿的情况；壶柄高度增加，手柄顶端与口沿的高度逐渐缩小，至宋代时几乎与口沿同高，而壶柄与壶身所形成的空间呈现出逐渐增大的演变趋势[26]，如图 3-43 至图 3-46 所示。

图 3-43　青白釉瓜棱执壶

（来源：《中国出土瓷器全集》湖北、湖南卷）

图 3-44　青釉执壶

（来源：《中国出土瓷器全集》湖北、湖南卷）

图 3-45　青白绿彩执壶

（来源：《中国出土瓷器全集》湖北、湖南卷）

图 3-46　白釉红绿彩执壶

（来源：《中国出土瓷器全集》湖北、湖南卷）

出现于五代时期，在宋代广为流行的“注子注碗”，以景德镇窑烧制的青白瓷温酒壶最具特色，注碗多制成莲瓣形，辅之以刻花、划花装饰技法（图 3-47 至图 3-50）。宋代《营造法式》中对“注子”和“注碗”尺寸的记载：“注子：共高七寸。每高一寸，即肚径七分（两段造），其项高〈径〉取高十分中以三分为之。”“注盌：径六寸。每径一寸，则高八分。”[27]即注子高为七寸。注子的高度若为一寸，腹径则为七分（做成两段）。注子的颈长占总高度的十分之三。注碗的直径为六寸。一般情况下若碗的直径为一寸，则碗高为八分。

图 3-47　青白釉刻花莲瓣纹温碗、执壶

（来源：《中国出土瓷器全集》湖北、湖南卷）

图 3-48　白釉刻花温碗、执壶

（来源：《中国出土瓷器全集》北京卷）

图 3-49　青白釉温碗、执壶

（来源：《中国出土瓷器全集》江苏、上海卷）

图 3-50　青白釉刻花温碗、执壶

（来源：《中国出土瓷器全集》江西卷）

四、执壶造型演变的动因

（一）饮酒风尚对执壶造型的影响

由唐至宋，壶的体量明显变小，这与酒精浓度的变化有关。《辞海》中对酒的注释为：用高粱、大麦、米、葡萄或其他水果发酵制成的饮料。如：白酒；黄酒；啤酒；葡萄酒。[28]唐代酒类以葡萄酒和发酵酒为主。发酵酒是以粮食作物黍、稷、麦、稻等为原料，加曲蘖经糖化、酒化直接发酵而成的酒类，包括米酒、黄酒。葡萄酒是唐太宗时期，中土用西域之法酿制的葡萄酒。

唐代多用混合酿造法酿酒，酒的度数不高，对酒的饮用量较大，与之相对应的碗等饮酒器容量也较大，因此壶的体量也较大；又由于唐代混合酿造法所酿的酒杂质较多，为了方便清洗与不堵塞壶口与壶流，壶口颈较宽，流部呈短粗状。

宋代酿酒增加了分离提纯的步骤，杂质变少，酒质得到了明显提高，此时虽未出现蒸馏酒，但酒的度数有所提高，酒的饮用量较唐代有所下降，这就使得宋代执壶体量变小，不再需要大的口颈与短粗状的流部来确保倾注时的畅通，口变小，短直颈演变为曲细的颈部，流也变长。[29]

另外，壶口变小也与人们对温酒的需求有关。人们在畅饮黄酒和白酒的过程中，逐渐发现把酒温热之后再喝有两利，其一是温热的酒能促进酒的酯化、散发出醇厚的酒香味，提高酒的质量和口感；其二是温热后的酒可以去除和挥发一部分酒精，既有暖胃暖身、促进血管舒张和血液循环的功效，又可减少对脾胃的伤害，达到健康饮酒的目的。[30]当时人们对温酒的需求，促使温酒器的出现。唐代尚未出现注子注碗，此时对酒的加热与煮茶一样，五代时期的注子注碗更多的是为上层人士饮酒所用。宋代，随着商品经济的发展，全民尚酒，注子注碗普及。

（二）饮茶风尚对执壶造型的影响

中国是世界茶文化起源地和传播中心。唐代，我国饮茶文化逐渐走向成熟，饮用方式主要是煮茶。“煮茶”是将茶叶放在“釜”里，加水煮沸后，分注到茶碗里饮用。唐代晚期，兴起点茶的饮法，即先于茶壶中将水煮沸，然后将沸水注入有茶末的碗中品饮。至宋代，点茶法成为主流，并盛行斗茶。因此唐代的壶流与壶口较大，以满足茶羹的倾倒。宋代，由于点茶的需要，壶流多为管状细长流，方便于点茶。壶流的出水口圆而小，这样才能“注汤有准”，即注水时，水从壶嘴中涌出，易形成抛物线状的水柱。[31]

执壶自唐代以注子之名出现，一直沿用至今。人们创造任何物质本质上都是为了满足使用功能，而各个时代生活方式或审美的变化也会对器物造型产生影响。古人在满足使用功能的基础上，创造出了符合时代审美与生活需求的生活用具。唐宋时期，饮茶与饮酒风尚催生了执壶造型的不断改进，以服务于人们的日常生活。而今天我们可以从考古发掘出土的这一时期执壶的造型中窥探当时的饮酒与饮茶风尚。

第四节　从青白瓷粉盒看宋代女性审美情趣

粉盒是古代女性盛放化妆用品的工具，是古代妇女生活中不可或缺的日常用品之一。粉盒的出现与女性化妆的需求以及审美趣味等有关。早在秦汉时期已经出现了粉盒，此时的粉盒是作为妆奁内部的一种配件而存在的，常与铜镜、梳、篦等化妆用具共同放置在妆奁中，满足女性日常梳妆之需。[32]80 随着妆奁的日渐式微，粉盒逐渐从作为妆奁内部的小奁变为以独立个体的形式存在。瓷粉盒在唐代已有烧造，唐宋时期，制瓷业的进步与各阶层女性对粉盒的需要，使得瓷粉盒大为流行，到宋代更是广为流行。

罗田县博物馆馆藏的青白瓷子母粉盒（图 3-51），2002 年出土于湖北罗田李家坪村；整体呈扁圆形，分盒盖与盒底两个部分，盒盖顶部呈平面圆形、口沿处呈斜坡状，有烟墨痕迹；盒底为圈足；灰白胎、胎质洁白坚致，青白釉，有细小开片；盒底里面呈三角形分布有三个大小略有差别的杯形小盒，在小盒中间堆塑有缠枝的藤蔓。该粉盒出土时内粘有一枚“政和通宝”铜钱，为江西景德镇窑烧造。

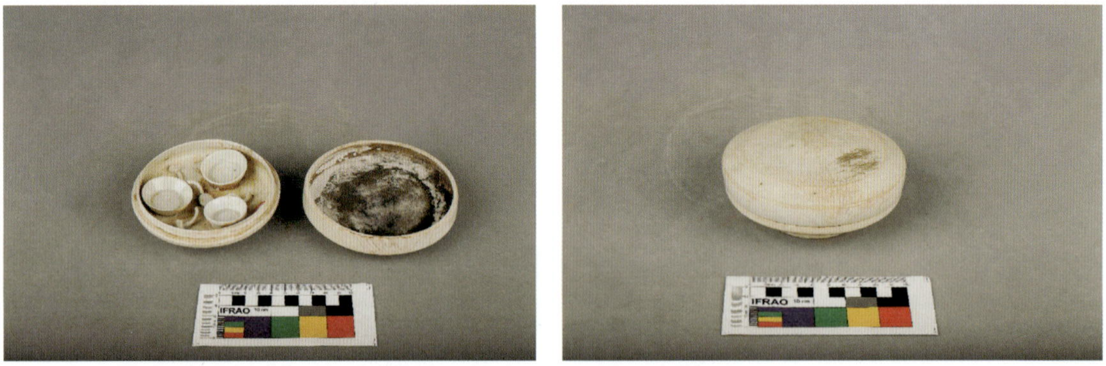

图 3-51　罗田县博物馆馆藏青白瓷子母粉盒

一、粉盒的功能

瓷粉盒大多数用来盛放妆粉、胭脂和黛粉等化妆用品。其中，妆粉的功能类似于今日女性化妆品中的粉底，涂于面部，美白肤色。胭脂一方面是涂于面部固定位置，使脸部红润，另一方面还可以作为口红使用。画眉所使用的材料主要是黛和烟墨。古时为了便于盛装与存储，在化妆时常常需要对化妆材料进行“临时加工”。比如将妆粉脱水烘干制成粉饼，将胭脂做成膏瓣，使用之前需要加水或油等物质进行调和使用。在墓葬中，粉盒常常与水盂和砚组合出土。水盂作为文房用具，主要作用是为砚池添水，推测与粉盒一同出土的水盂也可作为加水调和胭脂或黛类化妆品的器物。[32]80 再如黛和烟墨，使用时要放在专门的黛砚上碾磨成粉，再加水调和，涂到眉毛上。罗田县博物馆馆藏的这件粉盒，内置三个碗状小盒，应分别用于盛放妆粉、胭脂、黛或烟墨。值得注意的是，这件器物盒盖上有墨的痕迹，盒盖同时承担着加水调和黛或烟墨的功能。

二、粉盒的造型

唐宋时期，瓷粉盒在南北方各个窑口均有烧造，如北方的定窑、邢窑、耀州窑，南方的越窑、龙泉窑、景德镇等窑口均烧造具有各自窑口特色的粉盒，有青瓷、白瓷、青白瓷、青瓷褐彩等各种不同的色彩。唐宋时期的粉盒，经历了从简洁大方逐步转向细腻温婉的过程（图 3-52 至图 3-55）。唐代的粉盒在装饰上，多以素面为主，刻花纹装饰较少；五代时期开始出现简单的纹饰，宋代盛行鸟纹、花卉纹、摩羯纹、龙纹、凤纹、婴戏纹等纹饰；装饰手法多样，有刻花、划花、剔花、印花、堆塑、彩绘等；在造型上，宋代粉盒一改唐代的简约风格，除了圆形，还有花边形、菱形、瓜果形、子母形、联体形等。[33]96

图 3-52　青釉刻花盒

（来源：《中国出土瓷器全集》浙江卷）

图 3-53　青釉三联瓜棱盒

（来源：《中国出土瓷器全集》浙江卷）

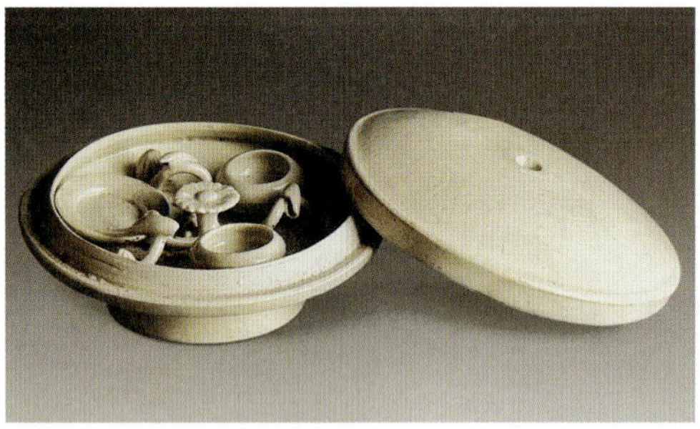

图 3-54　青白釉印花盒

（来源：《中国出土瓷器全集》安徽卷）

图 3-55　青白瓷盒

（来源：湖北省博物馆）

宋代景德镇青白瓷粉盒生产数量巨大，作为宋代景德镇窑的特色产品之一，以其独特的釉色在市场上占有一席之地；做工精细，制瓷技术成熟，兼具审美及实用功能；有圆形、菱形、仿瓜果形等，形状各异，细致精美；印有各式云纹、植物纹、动物纹，图案富于变化，其中有折枝牡丹、莲花、六星花卉、七星花卉、团花、菊瓣、莲蓬、针叶纹和釉面冰裂纹等。[34]

三、宋代女性妆容

化妆是对人体和容貌的修饰与美化，起源于原始社会，在狩猎时或祭祀时会在面部和身上涂上颜料，进入父系社会，女性退出社会舞台回归家庭，化妆就变成纯粹的对美的追求。女性之美，是一个时代政治、经济、文化发展状况的缩影。不同于唐代女性的绚丽、开放、雍容华贵的审美情趣，宋人崇尚含蓄、内敛的精神状态，宋代女性也因此在妆容上呈现孱弱纤细之美，简洁朴素，追求淡雅之美。[33]100

化妆是女性日常生活的重要组成部分，宋代女性化妆大致分为敷妆粉、点胭脂、画眉、点唇、面饰等五个步骤，其中，面饰包括花钿、面靥、斜红等。敷粉的原料包括米粉、石膏、铅粉、滑石粉、蚌粉等。敷粉后再用胭脂点缀于脸颊，以达到白里透红的效果。古代的胭脂相当于当下的腮红，用以提升气色。宋代女子的妆容整体是素净淡雅的，所以腮红的颜色也较浅。接着便是描眉，以石黛等材料涂染眉毛，来修饰和改变眉毛的形状，是面部妆容的点睛之笔。宋代女子的眉形主要有“远山眉”“倒晕眉”“长蛾眉”“出茧眉”“浅文殊眉”等。宋代以“清瘦”为美的主流促使女性眉形以弯弯细细长长为主，远山眉在当时十分盛行。倒晕眉是流行于唐宋时期的一种眉形，是把眉毛修成宽阔的月牙形，用石黛浅浅地晕染眉毛，使眉毛呈现出中部至两边颜色由深至浅的晕染效果。描眉后便是画唇，以胭脂为材料，来修饰和改变唇形。宋代流行较小的唇形，故通常在涂抹妆粉时常常顺带将嘴唇也涂上，然后在嘴唇中心以调和好的胭脂描绘出较小的椭圆形。最后是面部的妆饰，如花钿、面靥、额黄。材料非常丰富，除了普通胭脂染料、剪纸材料之外，珍珠玉石、昆虫翠鸟甚至也被用做装饰，比如鱼皮、螺钿壳、鱼鳃骨等材料。[35]

相比唐代，宋代女性追求一种朴素淡雅的风格，却不失华丽。宋代常见的妆容包括三白妆、薄妆、檀晕妆、飞霞妆。三白妆是将额头、下巴、鼻梁这三处着重涂白，使额头显得饱满、鼻梁高挺、下巴立体，如同今日的高光。薄妆是只在脸上薄薄地施以浅淡的朱粉，透出微红。檀晕妆先以铅粉打底，在两颊敷以檀粉（檀粉由铅粉和胭脂调和而成），使面颊中间微红，逐渐向四周晕染。飞霞妆是先以白粉覆面，再将胭脂涂抹在两颊，最后在两颊的胭脂上再铺一层白粉，使妆容呈现出淡淡的红色。[36]

“女为悦己者容”，宋代女性的美绝非单纯地取悦男性，更多的源自女性的自我觉醒。粉盒是女性独有的化妆用具，宋代各大窑口竞相烧造，种类丰富、纹饰多样，兼具实用与艺术性，满足女性化妆需求。考古发掘的粉盒多出土于女性墓葬，足以证明其在女性日常生活中的重要性。小小的粉盒作为女性之物，陪伴女性的一生，见证女性走出家门参与社会活动，打破封建礼教对女性的禁锢，见证家庭之女性成为社会之女性。

第五节　我国古代的“毁器”葬俗在陶瓷器上的表现形式

人类自产生以后，从未停止探索的脚步。地球的自转产生白天与黑夜的交替，原始社会时期，我们的祖先由于生理限制带来的不便以及凶猛残暴动物的昼伏夜出，对黑夜有着最真实的恐惧。黑夜即黑暗与未知，而死亡如同黑夜，夜尽天明，但死亡的归处又在何处？死亡带给人类的只有未知和恐惧，于是人类开始探索生与死。鬼神与灵魂的观念随之产生。《周易・系辞下》中记载：“古之葬者，厚衣之以薪，葬之中野，不封不树，丧期无数。”[37]远古时期的人们在逝者的尸体上盖以树枝，表明他们已经开始有意识地处理死亡同伴的尸体。在山顶洞人遗址，发现了中国迄今所知的最早的墓葬。山顶洞人不仅已经有意识埋葬死者，且在其身旁放置穿孔的兽牙、海钳壳、小石珠等，以及在身上涂赤铁矿粉末，说明在旧石器时代已经产生了丧葬行为。

丧葬习俗关乎死者死后灵魂去处，反映着一个时期人类的生死观、世界观。毁器葬是一种特殊的丧葬习俗，又称“碎物葬”“毁物葬”，是指人们故意将陶器、铜器、玉石器等打碎或毁坏，为死者随葬、殓葬或祭祀的葬俗。毁器葬俗历史悠久，早在新石器时代即已产生，我国目前较为明确的毁器葬现象最早见于距今 8000 多年的湖南澧县彭头山遗址的墓葬中。这一葬俗出现于原始社会，历经奴隶制社会，一直延续至封建社会，甚至在当下某些地区的葬俗中仍可发现“毁器”元素的存在。关于毁器葬分布地域的研究，早期由于考古资料的限制仅限于黄河中下游及东北地区，20 世纪 90 年代，张英在《从考古学看我国东北古代民族“毁器”习俗》一文中首次提出，“‘毁器’习俗，是早期人类产生原始宗教后，受‘万物有灵、灵魂不死’观念的驱使，祭祀或葬死者时，人为地将部分盛装酒食器皿，或其它诸如生活生产用具、兵器等随葬品毁之于棺内外的一种行为”[38]。随着考古发掘工作的推进，其分布地区扩展至长江中游乃至广西、西藏，黄河中下游、长江中游等地是其主要流行、分布区域。

一、“毁器”的类型

针对毁器的种类，黄卫东在《史前碎物葬》一文中将其分为三类：打碎器物为死者陪葬、打碎器物以装殓死者、打碎器物以祭奠死者。[39]本质上是依据破碎器物在丧葬中所起的作用而分类，分别作为随葬品、作为葬具与祭祀所需器物而主动将其打破，并按一定的规律进行放置。

如图 3-56 所示，罗田县博物馆馆藏的这件盘口瓷瓶腹部有人为敲破的小孔。黄卫东认为，这种在器身上凿有规则的圆形或椭圆形小孔的现象属于“毁器葬俗”的分支。钻孔这一对器物的“破坏”方式，主要存在于“打碎器物以装殓死者”，即毁器殓葬中。毁器殓葬指将器物打破或打碎后再装殓或覆盖死者。新石器时代的的裴李岗文化遗址中就已发现有毁器殓葬现象，在埋葬婴幼儿的瓮棺盖顶钻孔是这这一现象的主要代表。仰韶文化时期的瓮棺葬更是常见在瓮棺盖或底部凿孔的现象。郧县大寺遗址中发现有以高领罐作为葬具的瓮棺，罐腹部被人有意敲出一个缺口。

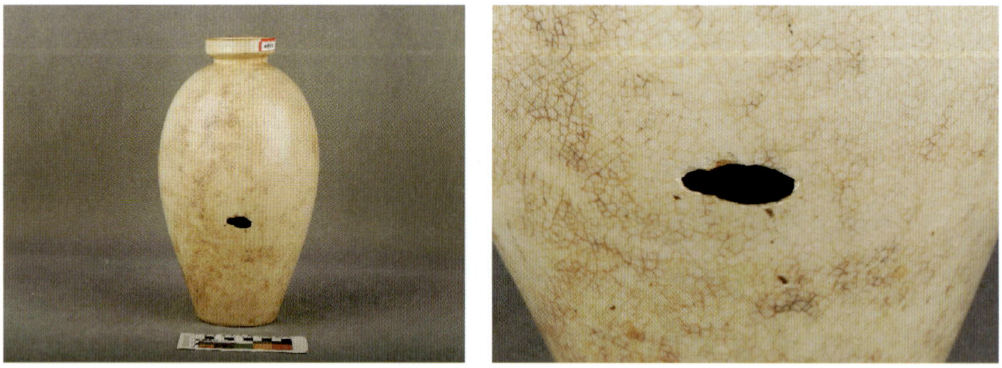

图 3-56　白釉盘口瓷瓶

“钻孔”这一毁器方式除了以葬具为载体，也出现在随葬品中，对随葬品钻孔主要流行于长江中游地区，少见于黄河中游地区；在材质上不限于陶器，还包括青铜器与玉石器。长江中游地区的“毁器葬俗”起源可追溯至彭头山文化。邱诗萤在《长江中游史前毁器葬》一文中提出，盘龙城遗址发现对随葬的青铜礼器和兵器进行毁坏的现象，说明盘龙城承袭了长江中游原始文化的毁器葬传统。[40]罗田县博物馆馆藏的个别器物存在钻孔现象（图 3-56、图 3-57），这些器物均出土于罗田本地，而罗田县位于湖北东北部，属于长江中游地区，这些器物为研究长江中游地区的毁器习俗提供了实物资料。

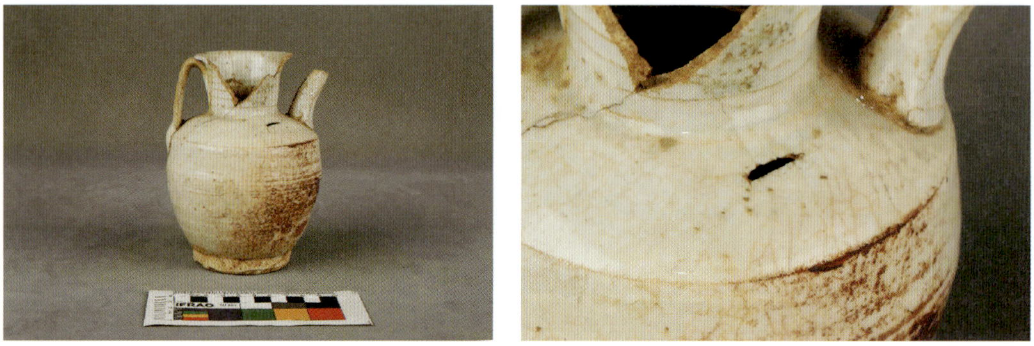

图 3-57　青白釉瓷执壶

二、对毁器葬俗的解读

人类的行为都是受动机支配的，对完整的器物进行破坏一定是人们为了某种目的而进行的，毁器这一行为必然有着内在的驱动力。目前对于毁器葬俗有着比较普遍的解释，但由于该葬俗分布地域广泛、历史悠久，在各地产生的时间不同，各地区由于自然地理环境与社会乃至民族背景不同，各民族各地区古与今的葬俗或许有着不同的意义。然而这种意识也必然是由当时所处社会的生产力水平决定的。或许流传至今的只有它的形式，但探索曾经广为流行的葬俗，有助于我们理解当时人们的生命观与世界观。

（一）辟邪

古人事死如事生，重视丧葬礼仪，一方面是出于对死者的情感需要，另一方面是由于丧葬活动构成社会道德与礼制的重要组成部分。但毕竟死亡已经超越了人类的认知，因此在为逝去的亲人准备去另一个世界的随葬品时，会产生一种惧怕的心理，担心这种未知的神秘力量会对现实生活造成不利的影响。因此古人会有意识地用打碎器物的手段来埋葬和祭奠死者。[41]钻孔是毁器的一种特殊情况，新石器时代常见瓮棺葬的葬具有钻孔的现象，不仅限于儿童瓮棺葬，成年人的瓮棺葬具中也有所发现。钻孔是为了使逝者的灵魂自由出入，提醒逝者生死有别，以免逝者灵魂停留于人世间，对生者造成困扰。至今还有一些地区在民间丧葬活动中以碎物的方式辟邪。

（二）万物有灵

古人认为，万物皆有灵，器物和人类同样是拥有灵魂的。人类最初在为逝者准备去往另一个世界所携带的财富时，可能会思考如何能确保这些物品能顺利追随逝者进入另一个世界。这种打碎器物的习俗或许是为了实现人类灵魂与器物灵魂的沟通，人类死亡后，物质的东西会留在原地，而灵魂则去往另一个世界，人类将器物打碎，作为器物，它的生命也随之消失，这样它的灵魂才会真正进入另一个世界，使随葬物的灵魂受死者灵魂的驱使，为逝者所享用。[42,43]

（三）儒家"备物而不可用"思想的原理及对生死的认知

随葬的现象早在旧石器时代晚期山顶洞人的公共墓地中就已经出现，至新石器时代，除了随葬生活用品、生产工具外，出现了专门为随葬而制造的物品——明器。明器模仿各种礼器、兵器、日用器皿、人与动物、车船建筑物模型等，材质包括陶瓷、竹木、漆、金属等，甚至北宋时期开始流行纸质明器。先秦文献中的明器既可以是非实用器，也可以是实用器，泛指在墓中随葬给亡灵用的东西。考古发现的毁器现象只存在于具有实用功能的随葬品中，而对专门制作的给逝者使用的明器则少有人为毁坏现象，或与儒家所倡导的"备物而不可用"思想有关。

儒家认为明器并不一定是非实用器，那些专门为逝者所制作的非实用器，其本身在形制或材质上就已经区别于生人所用器物。而实用器通过一定方式的处理，使之区别于原有形态，也可为随葬所用。《礼记·檀弓上》中记载："之死而致死之，不仁而不可为也；之死而致生之，不知而不可为也。是故，竹不成用，瓦不成味，木不成斫，琴瑟张而不平，竽笙备而不和，有钟磬而无簨虡。其曰'明器'，神明之也。"[44]149 孔子的这一主张实质上阐述了其对待生与死的态度。他认为亲人死了就当他是死人看待是无知的，这种态度缺乏仁爱之心；以器物送葬，从而认定死者是有知的，当他是活人看待，这种态度缺乏理智，二者皆不可取。

可以看出对待生死，儒家同样强调"仁"与"德"。如何实现正确处理丧葬礼仪，孔子认为送葬的器物既不能取消，但要对其进行处理以区别于原始状态，至于处理方式可以有很多种，比如去掉悬挂钟磬的架子，未调好音节的琴瑟，漏水的瓦盆……[45-46]而前文提到的对器物钻孔的“毁器”方式，符合孔子所倡导的“备物而不可用”思想。孔子认为鬼神对人所奉献器物的使用不是靠物质性的东西，而是靠奉献者的德。“备物”的重点不是备了珍贵之物，而是“备”这一行为背后表达的生者对死者的德。

第六节　罗田地区出土的新石器时代至西周时期陶纺轮的特点

《礼记·礼运》中记载：“未有火化，食草木之实，鸟兽之肉，饮其血，茹其毛；未有麻丝，衣其羽皮。”[44]423 上述记载反映了上古时期，我们的祖先还没有学会用火煮熟食物，生吃草木之实和鸟兽之肉，喝鸟兽的血，连肉带毛吞下去；还不知道麻丝可以织布作衣，穿戴鸟兽的皮毛。如果说采集渔猎的经济模式满足了人类最基本的生存需求，那么早期农业的确立则为人类进一步满足物质生活与精神生活需求奠定了基础。随着新石器时代原始农业的产生，人类开启了定居生活。史前生产力的发展，剩余产品的增多促使人类追求更高生活水平的需求得以满足，从而使得包括磨制石器、制陶、纺织在内的手工业得以建立。

从最初用以蔽体的兽皮树枝，到各类材质的衣物，作为新石器时代的高科技，纺织的出现使得人类的着装发生根本性的变革。纺织，是纺纱与织布的总称，分为纺纱与编织两道工序。《说文解字》中对“纺”的解释为：“网丝也。从糸，方声。”[47]2753 对“织”的解释为：“作布帛之总名也。从糸，戠声。”[47]2757 纺轮是最早的纺织工具，作为一种原始的捻线工具，它的出现使得真正的纺织开始出现，是我国步入纺织时代的象征，也是远古先民聪明才智的体现和纺织文明的启封。

纺轮是新石器时代纺纱的主要工具，在我国新石器时代中晚期的考古发掘中被大量发现，尤以新石器时代晚期的文化遗址最为集中。目前我国最早的纺轮是在距今7000—8000年中原地区裴里岗文化遗址和河北磁山遗址中发现的。出土纺轮的遗址遍及全国各地，且在整体形制统一的前提下具有地域特征，印证了纺轮的多地起源学说。湖北地区是新石器时代纺轮分布较集中的区域之一，目前考古发现的湖北地区最早的纺轮出土于城背溪文化遗址。

图 3-58　西周红陶纺轮

罗田县博物馆藏有数量较多的陶质纺轮，包括新石器时代及西周时期的红陶、灰陶纺轮共47件。罗田县博物馆馆藏的纺轮多出土于三里畈庙山岗遗址，该遗址是一处新石器时代、西周以及春秋时期的遗址。[48]图3-58所示为罗田县博物馆馆藏的一件边缘略有残缺的西周时期的纺轮，出土于凤山镇石源河月形塘遗址。

一、纺轮的起源

纺轮开启了人类服饰文明之门，追溯纺轮的起源，可从主观和客观因素两方面进行探索。

（一）主观因素——人类对高质量生活的追求

人类的行为受动机的驱使，动机本质上是作为需求而存在的。对于这种需求，马克思、恩格斯将它解释为现实的需要。马斯洛在《动机与人格》中，提出人类有5种基本需求。并且当一种需求得到满足以后，占次要地位的、更高级的需求就会出现，并转化为优先需求。[49]

新石器时代，人类社会由采集渔猎的攫取性经济转变为生产性经济。农业的确立，使人类克服了旧石器时代采集渔猎的生产模式对自然的过度依赖。随着新石器时代早期刀耕火种的生产模式被精耕细作的农业生产方式所取代，剩余产品的增多以及谷物性食物炊煮的需要，包括磨制石器与陶器、纺织业在内的原始手工业应运而生。

原始社会早期，人们已经比较熟练地掌握了编织技术，并广泛地运用于日常生活中。新石器时代中晚期出土的带有各种绳纹的陶器便可以证明，此时人类已掌握编织技术，各考古遗址发现的编织物则是当时人类掌握编织技术的直接证据。最初人类使用自然界中直接获取的植物藤条或者动物筋皮，但是其长度和强度有限、耐用性不高，远远不能满足人类的需求。随着生活水平的提高，衣物、装饰品、缝纫、捆绑等都使得人类越发追求更加纤细柔软的材料。人类在实践中不断探索和发现。

（二）客观因素——人类生产实践中经验和技术的积累

纺轮作为纺织技术中用以纺线的工具，离不开人们对“线”这一纺织材料的认识以及“纺”的技术的深化。

起初人们对植物枝条进行加工，在使用动植物筋皮、植物藤条、树叶等材料的长期实践中，逐步加深了对纤维的认识。人类发现某些植物的筋皮在经历反复扭转、打击和日晒雨淋之后能被有效地劈分为更多更细的纤维状材料，旋转而不被折断。这为进一步纺出坚固耐用的细线以及织造舒适的衣物打下了物质基础。[50]

古人在长期制作和使用绳索的过程中掌握了结、扭、搓、捻等技术手段，随着这些制作绳索的技术手段无法更好地满足人类制作细线的需求的矛盾日益强烈，人类开始借助工具解决这一矛盾，纺轮就是在这样的背景中诞生的。[51]

二、纺轮的功能与使用方法

纺轮，也称“纺专”“纺锭”，纺轮中有一孔，插入纺杆后，组合成为纺锤。纺轮结构虽简单，但已具有现代纺机上纺锭的部分功能。这种原始的纺纱工具完成了迄今仍沿用的纺纱五大步骤：喂给、牵伸、加捻、卷取、成形。[52]

使用纺轮时，先把待纺的原料捻一段缠在专杆上，令其垂下，一只手提杆，另一只手转动圆盘，朝同一方向旋转，同时不断添加纤维，以此促进纤维牵伸和加捻。待纺到一定程度，把已纺的纱缠绕在专杆上，如此反复，直到轮杆绕满纱。[53]

三、纺轮的类别

纺轮出现于新石器时代中期，在当下一些少数民族仍然使用纺轮这种原始的捻线工具。新石器时代是纺轮的繁荣阶段，该时期纺轮的材质主要有石、陶、木、蚌、骨、玉等。就目前考古发掘出土的资料，以陶纺轮最为普遍。纺轮的形制目前学界都倾向于分为圆饼形、圆台形、算珠形、馒头形、“工”字形、“凸”字形，以圆饼形、圆台形、算珠形为主流。

湖北地区在城背溪文化阶段，经济并不发达，目前发现的纺轮数量仅一件，为较规整的圆饼形纺轮。在屈家岭文化阶段和石家河文化阶段发掘的纺轮数量很多，是纺轮发展的鼎盛时期。[54]罗田隶属于黄冈市，而新石器时代的黄冈地区与天门、武汉都是纺轮出土较多的地区[55]，反映出史前时期这一地区纺织业的繁荣。

罗田县博物馆馆藏 47 件纺轮，其中 33 件纺轮于 1991 年出土于三里畈庙山岗遗址，包括新石器时代纺轮 13 件，西周时期纺轮 20 件。根据这 33 件纺轮的特点，可将其截面形状细分为圆角长方形、弧边长方形、梯形、算珠形、鼓形。表 3-1、表 3-2 所列分别为新石器时代和西周时期纺轮基本信息统计表。

表 3-1　新石器时代陶纺轮基本信息表

藏品编号	名称	截面形状					尺寸/厘米		质量/克
		圆角长方形	弧边长方形	梯形	算珠形	鼓形	直径	厚度	
00783	新石器时代灰陶纺轮	√					5.7	1.1	54.1
00785	新石器时代灰陶纺轮	√					5.5	1.0	54.6
00786	新石器时代灰陶纺轮	√					4.7	0.7	23.9
00789	新石器时代灰陶纺轮		√				4.6	0.8	28.4
00792	新石器时代灰陶纺轮		√				5.5	0.8	39.9
00801	新石器时代灰陶纺轮	√					5.2	0.8	35.5
00804	新石器时代红陶纺轮	√					5.1	0.7	29.5
00805	新石器时代灰陶纺轮			√			4.8	0.8	24.4
00807	新石器时代灰陶纺轮		√				5.0	0.7	28.9
00808	新石器时代灰陶纺轮	√					5.0	0.7	25.9
00809	新石器时代灰陶纺轮	√					5.0	0.8	28.9
00811	新石器时代灰陶纺轮			√			4.6	0.8	23.8
00812	新石器时代灰陶纺轮	√					5.4	0.8	36.0

表 3-2　西周时期陶纺轮基本信息表

藏品编号	名称	截面形状					尺寸/厘米		质量/克
		圆角长方形	弧边长方形	梯形	算珠形	鼓形	直径	厚度	
00781	西周灰陶纺轮		√				5.5	0.9	40.3
00782	西周红陶纺轮	√					5.7	0.9	42.2

续表3-2

藏品编号	名称	截面形状					尺寸/厘米		质量/克
		圆角长方形	弧边长方形	梯形	算珠形	鼓形	直径	厚度	
00784	西周红陶纺轮	√					5.1	0.8	31.9
00787	西周灰陶纺轮	√					4.9	0.9	30.6
00790	西周灰陶纺轮	√					4.8	0.9	33.6
00791	西周灰陶纺轮	√					3.5	2.1	33.0
00793	西周灰陶纺轮	√					4.9	0.7	23.8
00795	西周灰陶纺轮		√				5.1	0.9	34.3
00796	西周红陶纺轮					√	4.0	2.2	39.3
00798	西周灰陶纺轮					√	2.4	3.0	51.1
00799	西周灰陶纺轮		√				3.8	2.3	44.0
00800	西周灰陶纺轮					√	3.9	3.2	64.6
00802	西周红陶纺轮	√					5.9	0.9	46.7
00803	西周灰陶纺轮	√					4.5	0.6	31.3
00806	西周灰陶纺轮	√					4.7	0.8	28.0
00810	西周灰陶纺轮		√				5.1	0.8	33.8
00814	西周灰陶纺轮	√					5.3	1.0	42.5
00817	西周灰陶纺轮				√		3.5	1.1	17.5
00818	西周灰陶纺轮		√				3.3	0.7	11.2
00819	西周红陶纺轮			√			3.0	0.4	6.1

图 3-59 所示为罗田县博物馆馆藏的各时代纺轮截面形状统计图。由图 3-59 可知，各时期纺轮的形状均以圆角长方形为主，其次是弧边长方形。西周时期则出现了算珠形纺轮（图 3-60）和鼓形纺轮（图 3-61 至图 3-63）。

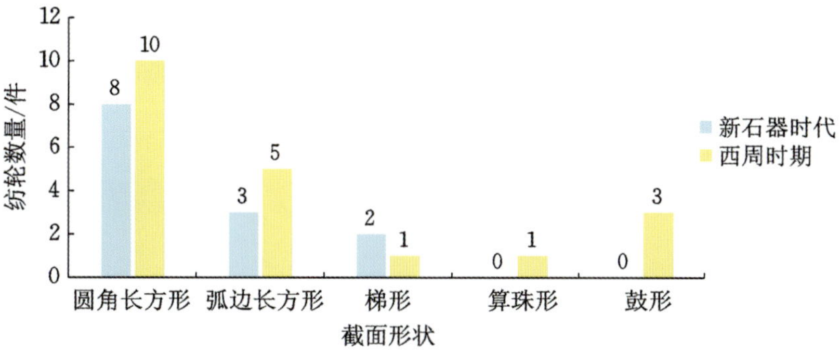

图 3-59　各时代纺轮截面形状统计图

图 3-60　西周灰陶纺轮

图 3-61　西周红陶纺轮

图 3-62　西周灰陶纺轮

图 3-63　西周灰陶纺轮

就罗田县博物馆馆藏的这33件纺轮样本而言，新石器时代纺轮质量在23.8～54.6克之间，西周时期纺轮质量在6.1～64.6克之间，相比新石器时代纺轮质量跨度较大。但各时代纺轮质量在30～40克之间分布较为集中，如图3-64所示。各时代纺轮的厚度和直径分布较为集中，新石器时代纺轮厚度在0.7～1.1厘米之间，厚度较为集中。西周时期纺轮厚度在0.4～3.2厘米之间，跨度较大，但集中分布于0.6～1.1厘米，如图3-65所示。新石器时代纺轮直径在4.6～5.7厘米之间，西周时期在2.4～5.9厘米之间，集中分布于4.5～5.1厘米，如图3-66所示。

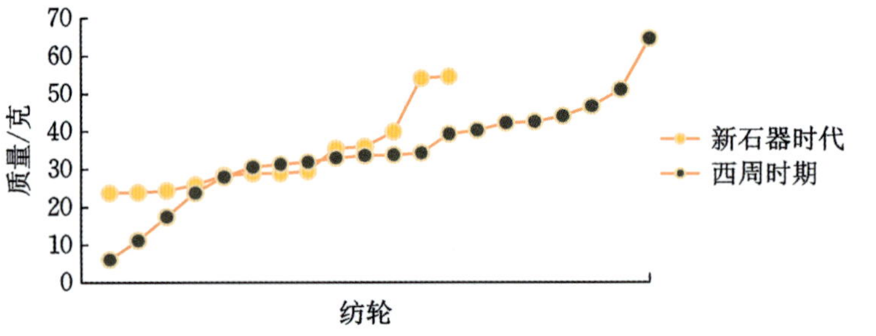

图3-64　各时代陶纺轮质量统计图

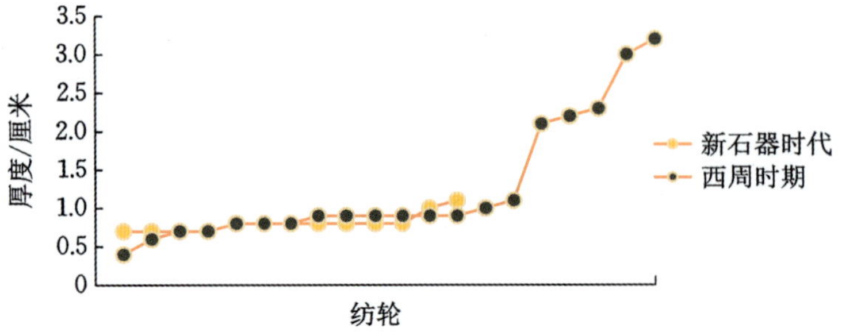

图3-65　各时代纺轮厚度统计图

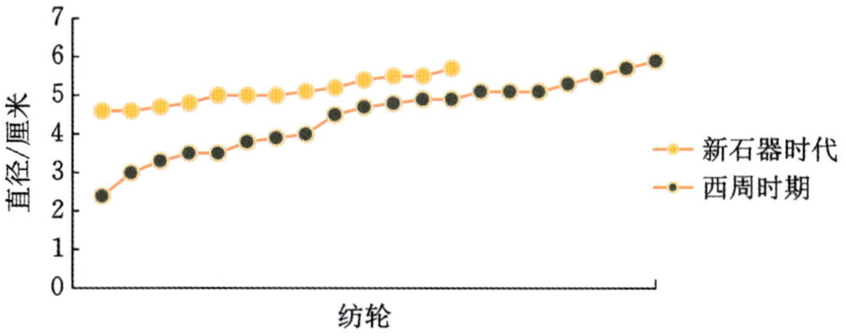

图 3-66　各时代纺轮直径统计图

新石器时代是纺轮出现与繁荣的时期。《周礼・春官宗伯・大宗伯》中记载："以玉作六器，以礼天地四方：以苍璧礼天，以黄琮礼地"。其中，璧指玉璧。玉璧最早出现于新石器时代，玉璧的形象或来源于纺轮。随着商品经济的发展，货币取代一般等价物成为人们日常交易媒介。在货币领域，最先出现的形制是战国时期流行于三晋两周地区的圆形圆孔铜钱。玉璧和货币，都借鉴了史前时期纺轮的形状，成为当时人们身份地位的象征。[56]

马克思认为，任何事物都会经历发展和消亡的过程。生产力的进步，使得纺轮退出了历史领域，被新的更高效的工具所代替。如今只有个别少数民族地区仍然沿用传统的以纺轮捻线的方式。但这并不意味着纺轮的衰亡，作为新石器时代的高科技，其纺织原理传承至今，是后续纺织业一切发明的前提和基础。

第七节　罗田县匡河汪家桥宋墓“双人首蚕身俑”形象来源

一、汪家桥宋墓随葬俑出土情况

1983年，罗田县文管所发掘了位于湖北省罗田县匡河汪家桥的一座长方形竖穴土坑墓，根据墓葬形制、随葬器物及铜镜铭文，将此墓年代断定为南宋时期，出土有陶瓷生活用品、铜镜及俑，其中陶俑包括一套完整的十二生肖俑、四神俑（青龙俑、朱雀俑各两件，玄武俑、白虎俑各一件）、文吏俑、跪俑、家禽俑及人面与蚕、龟、鱼元素融合的俑。[17]39-40

这批文物目前大多收藏于罗田县博物馆，其中，人面与蚕身相结合的俑共两件，根据蚕的形态，分别称为南宋直卧蚕身双人首硬陶俑（图3-67）、南宋盘卧蚕身双人首硬陶俑（图3-68），两件人面与龟身相结合的俑命名为南宋硬陶人首龟俑（图3-69、

图3-67　南宋直卧蚕身双人首硬陶俑

图3-68　南宋盘卧蚕身双人首硬陶俑

图 3-70），一件人面与鱼身相结合的俑命名为南宋硬陶人首鱼俑（图 3-71），另有一件硬陶鱼俑（图 3-72），与人首鱼俑形态相似。

图 3-69　南宋硬陶人首龟俑

图 3-70　南宋硬陶人首龟俑

图 3-71　南宋硬陶人首鱼俑

图 3-72　南宋硬陶鱼俑

罗田县博物馆馆藏的两件人首蚕身俑（图 3-73、图 3-74）形制基本相同，双人首，光头，面部刻画简略、稍显严肃，全身划分为若干结，每节刻划数量不等的内外相套的圆圈，有座，蚕身的形态不同，一为直卧，略有弯曲，一为盘卧。

图 3-73　南宋直卧蚕身双人首硬陶俑及其人首细节

图 3-74　南宋盘卧蚕身双人首硬陶俑及其人首细节

二、两宋时期部分神煞俑出土情况

人与动物形象的结合可追溯至新石器时代，仰韶文化时期人与鱼形象结合的人面鱼纹彩陶盆、良渚文化时期玉琮上的神人兽面纹（图 3-75）都是人与动物或复合动物形象的结合。汉代的壁画、帛画、画像石上同样可见人与动物形象的结合，如《伏羲女娲图》中女娲呈人首蛇身状。唐宋以来，伴随着随葬俑的出现与流行，人面与动物形象的结合以俑为载体，常常与四神俑、十二生肖俑同时使用，组成一套神煞俑。

《罗田县汪家桥宋墓发掘记》中指出，人头鳖身、鱼身、蚕身俑与十二生肖俑、四神俑、塔式罐（肩部雕塑四神）组合出现，分别位于墓坑的西侧、东侧、南侧，正好是一套伴随着道教盛行而出现的器物组合，是当时宗教习俗的反映。人头鳖身、鱼身、蚕身俑具有隋唐镇墓俑的作用。[17]41

图 3-75　神人兽面纹玉琮

（来源：《中国出土玉器全集》江苏、上海卷）

两宋时期，各地随葬品除具共性之外，由于历史背景的不同，还存在着地域特色。从目前出土情况看，人首鱼身俑最为多见，唐代人首鱼身俑主要见于北方地区的墓葬，在宋代主要发现于南方，以江西和四川较为集中。[57]双人首蛇身俑在唐宋墓葬中很常见，在四川地区宋墓中大量出现。此外，人首鱼身俑与人首蛇身俑在福建地区也有少量出土。[58]人首鸟身俑在隋唐至两宋时期主要发现于湖南和四川[59]，另外，河北、安徽、辽宁也有少量出土。蚕、龟的形象却极少出现。不排除未来随着新的考古遗址的发掘，能有更多的案例去研究人面蚕身俑的分布情况。

三、蚕的形象起源

蚕，据《说文解字》："任丝也。从䖵，朁声"[47]2889，即蚕是一种能吐丝结茧的昆虫。蚕头圆，双目突出，身躯弯曲做蠕动状。从最初接触到野生蚕，在野生蚕身上提取纤维用以纺线制成衣物，再到将野生蚕训化成家蚕，这一过程既是先民长期生活实践中经验积累的结果，也体现了丝织品对于先民日常生活的重要性。收藏于黑龙江省博物馆的《蚕织图》，由腊月浴蚕、清明日暖种、谷雨前第一眠、眠起喂大叶、蚕蛾出种及挽花、做纬、织作、下机、入箱等24个场景组成，较全面地反映了我国古代种桑、养蚕、织布等蚕织生产过程。

我国是世界上最早养蚕和织造丝绸的国家。在距今五六千年的新石器时代中期，先民便已经开始养蚕、抽丝、织绸了。商代养蚕技术已完全成熟，甲骨文中有关于“蚕”“桑”“丝”“帛”的记载[60]。西周、春秋和战国时期，养蚕业已经遍及东南西北广大地区。新石器时代诸多文化遗址都发现有蚕的身影或丝织物，证明先民对蚕的认识和利用。蚕的形象以四种形式出现，一是作为辅助纹饰而出现于陶器、玉器、青铜器之上；二是将蚕空间化，多以玉、陶为载体，制作成写实的玉蚕、陶蚕，也有石蚕、牙蚕；第三类也是先民养蚕最直接的证据——蚕的实体；第四类是丝织物。

河姆渡遗址的蚕纹牙盅（后更名为“蚕”纹象牙杖首饰）是目前发现的最早的蚕的形象。“蚕”纹象牙杖首饰外壁上饰有线刻的蚕形纹和编织纹，蚕纹共四个，在器腹上呈一圈排列，蚕纹中蚕的头昂伸，身子作多节折状，似在一屈一伸地向前蠕动。从河姆渡遗址出土的纺织工具（如木卷布棍、骨机刀和木经轴、骨梭、梭形器、绞纱棒等）可知，当时的纺织技术已初具规模，但河姆渡遗址出土的“蚕”纹象牙杖首饰中的蚕并不能确认为最早的家蚕，一是目前没有鉴定为家蚕丝作为原料的丝织物的出土，甚至未发现任何的丝织物；二是没有蚕的实物。

如果说河姆渡遗址出土的“蚕”纹象牙杖首饰并不是我国植桑养蚕、缫丝织绸最确切的证据，那么夏县西阴村文化遗址出土的具有人工切割痕迹的蚕茧，以及钱山漾良渚文化遗址出土的被确认为家蚕丝织物的丝线、丝带，无疑证实了我国家蚕的起源至少有5500余年的历史。夏县西阴村文化遗址出土的一枚被切割的留有刀痕的半颗蚕茧是目前我国发现的最早的蚕的实物，经过多次鉴定确认为家蚕，是目前我国发现的最早的家蚕实物。这枚蚕茧化石是我国植桑养蚕最直接的证据。现收藏于浙江省博物馆的钱山漾良渚文化遗址的丝线、丝带以及平纹绢残片，是目前最早的丝织物实物，初步鉴定为家蚕丝织物。

除了直接证据，我们还可以从以蚕为元素制造的器物与工艺品中寻找养蚕缫丝的证据。人们在最初创造器物时，受需求的驱动，以实用为唯一的出发点，随着生产力水平的提高，在满足人们基本生活水平的基础上，先民有精力去追求审美，选择将对人有独特意义的图案绘制于器物上，如蚕纹陶器；或将其形象雕刻成实物，如以玉、石为原料雕刻不同生命阶段的蚕的形象。

在《江苏吴江梅堰新石器时代遗址》一文中，作者将出土的陶器纹饰分为三类，其中一类以鱼虫为题材，包括蚕纹（图 3-76）[61]。出土于甘肃临洮县齐家文化遗址的双联红陶壶，由两个直领小壶联结而成，腹部刻划出六条蚕纹，分为两组，每组三条；蚕体略呈弯曲状，有蠕动之感，躯体上刻有数条平行线纹和折线纹，以表示蚕体的节肢。《中国纹样辞典》一书的作者认为，在双联壶各自朝外的腹部上的一对蚕纹应为人面蚕形纹（图 3-77），人面为圆形，左边的人面以两道下弯的线表示眼，嘴向上翘起，泛出笑意，人面右侧有耳；右边的人面以一道波折线代表双眼，嘴角也上翘，身子为条状，折皱似蚕。[62]

图 3-76　蚕纹

（来源：《江苏吴江梅堰新石器时代遗址》）

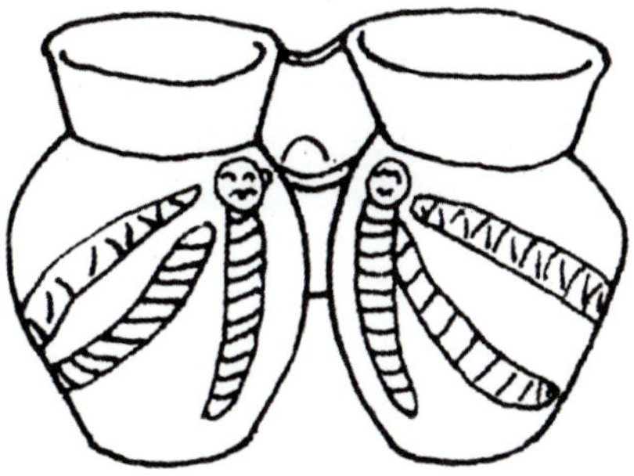

图 3-77　齐家文化双联陶壶人面蚕形纹

（来源：《中国纹样辞典》）

山西夏县师村仰韶文化早期聚落遗址，自 2019 年至今共出土了 5 枚石雕蚕蛹和 1 枚陶制蚕蛹。这些蚕蛹形态逼真、造型精美，其所属时代为新石器时代仰韶文化早期，距今约 6 000 年。河北正定南杨庄仰韶文化遗址出土的 1 枚陶蚕蛹，长 2.0 厘米，腹径 0.8 厘米，经测定距今约 5 400 年，与家蚕蛹的形态基本一致，这枚蚕蛹躯体上的线纹生动流畅，是仿照家蚕蛹而烧制的，反映出先民对蚕的形态极为熟悉。[63] 2022 年 6 月山西运城闻喜县上郭遗址出土了 1 枚仰韶文化时期石雕蚕蛹，长 2.8 厘米，最大腹径 1.2 厘米，属于仰韶文化晚期偏早阶段，距今约 5 200 年。从距今约 6 000 年的师村出土的石雕蚕蛹，到距今约 5 200 年的闻喜县出土的石雕蚕蛹，近年来的考古发现使 1926 年西阴村发现的那枚蚕茧不再是孤例，意味着仰韶文化早期先民们很可能已掌握了养蚕缫丝的技术。

图 3-78　玉蚕（红山文化遗址）

（来源：《中国出土玉器全集》内蒙古、辽宁、吉林、黑龙江卷）

以玉为载体的蚕主要见于红山文化遗址，巴林右旗博物馆现藏红山文化玉蚕 4 件，出土于那斯台遗址，其中两件玉蚕（图 3-78）均为黄玉质，略呈扁圆柱状，一端平齐，平齐面刻出微突双眼，双触角及嘴，另一端磨琢呈雁尾状蚕尾，腹部饰细凸棱纹，腹部侧面对穿一孔，两道孔在腹内交叉，整体线条挺拔流畅，简约且精美，体现出红山先民对玉蚕的喜爱和崇拜之情。

此外，巩义双槐树遗址还发现一枚用野猪獠牙雕刻、造型与现代家蚕极为相似的蚕，距今 5 000 多年，根据蚕的整体造型以及头昂尾翘的绷紧“C”形姿态，专家推测这是古人雕刻的一只处于吐丝阶段的家蚕。

商周时期，玉蚕与青铜器上的蚕纹成为蚕的形象的主要载体。1953 年出土于河南省安阳市大司空村的商代玉蚕，蚕身刻划为八节，雕刻精细，生动形象。现收藏于河南省洛阳市文物工作队的西周时期蚕形玉佩（图 3-79），出土于洛阳市东车站花园西村西周墓，这件玉佩中蚕身体微弯曲，双目高突，有足和短翅，足有一孔可穿系。出土于河南三门峡市虢国墓地 2009 号墓的西周晚期蚕形玉佩（图 3-80），青玉质地，蚕为大头，凸目，首尾分为十二节，口部有一圆形穿孔。

图 3-79　西周蚕形玉佩

（来源：《中国出土玉器全集》河南卷）

图 3-80　西周晚期蚕形玉佩

（来源：《中国出土玉器全集》河南卷）

以蚕纹装饰青铜器在商周时期较为普遍，青铜器上的蚕纹有时也被称为蛇纹，基本特点为两眼突出、头部呈三角形或圆三角形、体有鳞节、体屈曲状。蚕纹主要分布于器物口颈或圈足，常见于商代青铜器上。如 1963 年出土于宝鸡市贾村镇贾村西街的一件西周早期的青铜酒器，颈部饰有蚕纹图案，后被命名为何尊，是我国首批禁止出国（境）展览文物。何尊内底铭文记述了周成王五年（公元前 1038 年）迁宅成周的重大史实，其中，“宅兹中国”四字是目前所知“中国”一词的最早来源。在原始瓷器初创阶段，其造型与纹饰常常模仿同时期或前一阶段青铜器，如收藏于浙江省博物馆的战国原始瓷尊，腹部戳印卧蚕纹。

秦汉时期，随着鎏金工艺的出现与发展，蚕在新的载体上出现。1984 年陕西省石泉县出土的一件鎏金铜蚕，体态为仰头或吐丝状，全身首尾共计 9 个腹节。这一发现印证了古文献中有关石泉县养蚕历史悠久的记载，将陕西省石泉县这一地区养蚕的历史往前推至汉代。1969 年，在定州市静志寺塔基地宫出土的汉代鎏金铜蚕，现收藏于定州博物馆，蚕的头、胸、腹三部分刻画精致，体态为仰头或吐丝状，头部器官刻画精细，说明当时人们通过桑蚕生产已熟悉蚕的生理结构。此外，罗田县博物馆现藏有一件汉代青铜蚕（图 3-81），蚕的躯干挺直，全身同样被分为 9 个腹节。

图 3-81　罗田县博物馆馆藏汉代青铜蚕

四、人首蚕身俑的创作灵感

目前可见最早的人面与蚕结合的形象或为前文介绍的出土于甘肃临洮县齐家文化遗址的双联红陶壶。《甘肃省博物馆文物精品图集》收录了这件蚕纹陶罐，这件陶罐中的蚕有头有尾，蚕体略呈弯曲状，是生活中蚕的真实写照。《中国纹样辞典》认为在 6 条蚕纹中，中间的 2 条是人面蚕纹（图 3-77）。虽然目前人首蚕身形象极少出现于考古材料中，但根据古文献中关于蚕的记载，考古遗址出土的蚕纹陶器等各种质地的蚕俑，以及两宋时期在墓中作为神煞俑的双人首蛇俑、人首鱼俑等资料，可以探查出两宋时期将人首与蚕元素融合的理念支撑。

河姆渡文化遗址出土的“蚕”纹象牙杖首饰，虽并未确认为家蚕形象，但从其所有者的身份地位来看，蚕的形象出现在带有神权寓意的首饰上，至少可证明先民对蚕的认识及崇拜已有六七千年的历史。人类的蚕崇拜行为或许来源于对生命的感悟。生与死即矛盾的对立面，对未知事物的恐惧支撑着人类一直在探索生命的归处，寻求一个合理的解释。人类在生活与实践中，从蚕的一生中仿佛离答案更近了一步。蚕的一生共经历四个阶段，蚕的生命从蚕卵开始，在一定的时间内卵孵化成幼虫，经历几次蜕变，开始吐丝结茧成蚕蛹，在蚕茧中完成最后一次蜕皮后，破茧而出成为蚕蛾。蚕由卵变为蛾，是生命的开始，吐丝结茧过程正如第一阶段生命的结束，蛹是一种死，是旧事物的消亡，而破茧成蛾是新事物的产生，这一新事物区别于旧事物，相当于灵魂的飞升。成蛾后产卵，再由卵及蛾，周而复始，生生不息。人们在蚕的蜕变与脱茧中获得灵感。

人类对蚕的崇拜还源于需求，不仅是对食物的需求，先民或以蚕蛹为食，更多的是源于对丝织品的需求。从新石器时代出土的数量众多分布广泛的纺轮，可知当时的纺织技术已达到一定的水平。新石器时代出土的各种质地、各个生长阶段的蚕，生动形象，可见当时的先民已掌握了蚕的生活习性与生长周期，这必然是对蚕的长期观察以及饲养才可以达到的深刻认识，而对蚕的驯化与饲养源于人们对丝织品的需求，先民最初采集野外的蚕茧作为纺织原料，随着纺织技术的发展，以及人们对丝织品的需求日益增长，野外收集的蚕丝无法更好满足人们的需求，于是开始了对野生蚕的驯化。[64]

罗田县博物馆馆藏的这两件双人首蚕身俑（图 3-67、图 3-68），根据发掘材料，应与四神俑、十二生肖俑、人首鱼俑、人首龟俑共同组成宋代墓葬中的镇墓神煞俑。墓中随葬俑在先秦时期即已出现，隋唐至宋是其繁荣阶段，在此阶段，依据随葬俑的性质可分为两类，一是镇墓俑；二是与墓主生活息息相关的俑，如表示日常生活的家禽俑以及仪仗俑。镇墓俑包括镇墓兽、神煞俑。神煞俑的种类丰富，包括十二时辰俑、四神俑、墓龙俑（双人首龙身或人首蛇身）、仪鱼俑（人首鱼身俑）、伏听俑、仰观俑、金鸡俑等，不同的俑在神煞体系中各司其职。

卢亚辉在《北朝至宋代墓葬出土地轴的考古学研究 》一文与《唐五代墓葬所见墓龙》一文中，针对作为神煞体系的墓龙与地轴常常混淆的现象，研究并总结了二者的区别，其认为唐宋时期两人首共一龙（蛇）身，龙（蛇）身平卧之明器为地轴，龙（蛇）身拱起者则为墓龙。[65,66] 据此，可将罗田县博物馆的这件直卧人首蚕身俑（图 3-67）归为地轴之类。

王琼在《双人首蛇身俑考》一文中总结了北齐至两宋时期双人首蛇身俑的形态，其发现五代时期，人首既有均为光头者，也有一男一女者，两宋时期人首为两男或两女，也有均为光头者。一男一女的双首蛇身俑或有阴阳融合、生命延续的寓意。[67]

随着宋代统治者对道教的推崇，道教因素在墓葬中逐渐加强，更多的是同为男性的双人首，或头戴幞头，甚至变为光头形象，双首造型一致，更具威慑感（图 3-82、图 3-83）。罗田县博物馆的这两件双人首蚕身俑（图 3-67、图 3-68），人首均为光头，造型一致，除了保佑墓主灵魂不灭，生命延续，更多的是让逝者在阴间不受各种妖魔鬼怪的侵扰，得到安息，镇墓安魂。

图 3-82　唐代彩绘双人首蛇身陶俑

（来源：《掇菁撷华——河南博物院征集文物图录（1997—2018）》[68]）

图 3-83　北宋人头蛇身陶俑

（来源：《新津文物精品图录》[69]）

第四章
罗田县博物馆陶瓷文物预防性保护与展示利用

第一节　预防性保护

一、陶瓷文物修复后的保存

经过保护修复后的陶瓷文物，理想的保存方法是把陶瓷文物放在定做的无酸纸囊匣里面，囊匣内有随形内衬。一般一个囊匣存放一件陶瓷文物。陶瓷文物陈列时，须放在固定的木架子上，如实木做的博古架，一般不放在玻璃做的架子上；同时，由于陶瓷文物易碰碎，在展示时最好用透明尼龙线固定，防止由于晃动或者地震而导致器物摔碎。在移动陶瓷文物时，保管人员双手应保持干净和干燥，手上不戴手套和金属配饰，提取陶瓷文物时，要抓住器物的主体，切忌单独提拿把手、耳饰等陶瓷文物的独立部件；在拿放带座、带盖的陶瓷文物时，应将座、盖和主体单拿单放，不能连盖带座一起端。

二、陶瓷文物修复后的保养

陶瓷文物相对于其他文物来说，对温湿度和光线的敏感度相对较低。但由于陶瓷文物的修复部位存在有机胶类物质，其耐老化性能相对陶瓷文物本身要低，如长期处于温湿度变化大、光线强烈的环境中，会导致修复部位的老化，出现变色或脱落现象。因此，为长久保存修复后的陶瓷文物，需将陶瓷文物保存在温湿度相对稳定、光线相对较弱的环境中，库房需配备除湿、控温设备；定时观察陶瓷文物，可用柔软棉布定期擦拭其表面，保证其清洁。

三、展陈中的预防性保护

经过保护修复的陶瓷文物，如果要放置于博物馆展厅进行陈列展览，应尽可能保存于温、湿度稳定且洁净的环境中。

由于文物展示柜具有密封性且空间狭小的特点，相对湿度会随温度的变化产生较为敏感的波动，同时文物在狭小空间中受到温、湿度的耦合变化影响较大，所以需要优先监控展柜内温、湿度。针对展柜缺少必要的环境调控设备的问题，可采用高效且对文物友好安全的吸附剂、调湿剂等调控材料，或采用空气净化器、微动力电子调湿机等，通过调控设备来控制展柜微环境[70]。

目前，针对博物馆展陈环境中有害气体成分复杂、分子污染物浓度低等博物馆行业普遍存在的情况，并没有一个精准、小巧、适合实时监测的传感器，所以博物馆工作人员要用有限的设备进行尽可能多的监测检测，可以采用人防监测，即每天固定时间由文物保护中心专业技术人员巡查展柜、展厅中的文物。

此外，经过保护修复的陶瓷文物，其修复材料多数不耐剐蹭，器物在展览前，工作人员需要认真阅读修复报告和档案，深入了解器物修复前后状态；在展览过程中，若需要使用鱼线或支架固定修复器物时，应该尽可能避让修复部位，避免对文物造成破坏。

第二节 展示利用

博物馆是收藏、保护、研究、展示人类活动和自然环境的见证物，向公众开放的非营利性社会服务机构。1905 年，我国诞生了第一家公共博物馆——南通博物苑，经历了一百多年的发展，目前我国博物馆事业已经基本形成以国家级博物馆为龙头、省级博物馆为骨干，以国有博物馆为主体、民办博物馆为补充，类别多样化、举办主体多元化的博物馆体系[71]。

县级博物馆是我国博物馆的重要组成部分，所占比重较大，是中国特色社会主义建设体系中的重点结构单元。县级博物馆的任务就是通过举办多种形式的陈列展览，对地方群众进行全方位的文化教育，在区域文化展示、传承、弘扬、发展等方面扮演着重要角色，旨在提高人们的思想道德素质、文化素养和科学文化水平，丰富广大人民群众的精神文化生活。

2016 年 5 月 17 日，习近平总书记在哲学社会科学工作座谈会上的讲话中提到："坚定中国特色社会主义道路自信、理论自信、制度自信，说到底是要坚定文化自信。文化自信是更基本、更深沉、更持久的力量。"文化兴国运兴，文化强民族强。我们之所以有坚定的道路自信、理论自信、制度自信，其本质是有建立在 5000 多年文明传承基础上的文化自信。文化自信助力中华民族伟大复兴的中国梦。文物是活着的历史，作为历史的见证，它们连接着中华民族的过去与未来。博物馆作为文物和标本的主要收藏机构、宣传教育机构、科学研究机构，是提升文化自信道路上的主力军。类型不一的博物馆有各自的定位和使命，县级博物馆以其对地方文化的熟悉为优势，展示了本县域的文化发展脉络，肩负着继承和发扬本地区文化的重任。

一、县级博物馆在藏品展示利用方面所面临的困境

县级博物馆固然是博物馆事业建设的主力军，但其发展不平衡的问题普遍存在，主要表现为两个方面，一是博物馆的区域发展不平衡；二是博物馆之间发展不平衡。在藏品展示利用方面，县级博物馆相比国家级、省级博物馆存在明显的劣势，主要

归结于三个方面，一是文物数量与质量的有限性；二是宣传力度不够，本身知名度有待提高；三是资金的匮乏。

藏品数量和质量是各级博物馆的生命线，县级博物馆本身的文物数量与质量有限，文物资源匮乏，尤其是精品文物缺乏。县级博物馆还存在着由于各种原因，本地出土的文物不能在本地保存、展示的情况，比如国家、省、市对一些重要精美的出土文物的征调，使得大多县级博物馆的藏品质量有限。藏品是博物馆进行陈列展览的物质基础，陈列展览是将文物信息展现给观众的关键环节，藏品的不足限制了展览质量与效果；县级博物馆在宣教活动方面的影响力相比一、二级博物馆也较弱。公立博物馆作为非营利的事业单位，其组织和开展各项活动完全凭借财政拨款，自2008年博物馆免费开放以来，某种程度上加剧了博物馆资金匮乏的局面。博物馆具有文物征集、宣传、教育、研究等社会职能，资金的限制与藏品质量的限制使得县级博物馆在实现自身功能的过程中“心有余而力不足”[72]。

二、县级博物馆在藏品展示利用方面可采取的对策

新时期，县级博物馆应正视自身的劣势，根据自身的优势和特长找准定位。针对县级博物馆藏品数量和质量有限的问题，直接的措施在于留住与充实文物，加大征集力度，对于本地出土的文物要和上级领导部门反映，建议留在本地；向上级申请进行文物调拨或借用，和周边市县的兄弟博物馆达成资源共享模式，让可移动文物在本省进行交流和流转；拓展藏品征集范围，提升县级博物馆藏品数量、优化县级博物馆藏品结构，将能体现地方文化特色、具有深厚地方乡土亲情、浓郁地方乡土气息、朦胧乡土记忆和本县域发展历程的各类见证物纳入县级博物馆征集工作范围，丰富县级博物馆馆藏。[73]

县级博物馆想要获得长远的发展，关键在于重视对已有文物的挖掘，立足本地

的传统文化与风土人情以及馆藏情况，开发文物背后的故事，优化陈列展览，打造本馆、本地的文化品牌。博物馆作为社会主义精神文明建设的重要主体力量，要树立起以人为本的服务和发展定位，将我国优秀的传统文化以通俗易懂的形式展现给观众，激发他们参观和了解学习的主动性；同时县级博物馆应积极与各方合作举办多种形式的陈列展览与宣教活动，加大宣传力度。在这一过程中县级博物馆要冲破传统思想的枷锁，提高创新意识，根据社会的发展趋势，跟上时代的脚步，扩大县级博物馆的文化影响力，实现县级博物馆自身的社会价值。

（一）策划展览

陈列展览是一个博物馆的基础功能。在博物馆有限的空间中，以文物和标本为基础，根据陈列主题，向观众进行演示、展览。罗田县博物馆重视对现有文物价值的挖掘，“罗田县出土文物陈列展”是其基本陈列，主要采用传统的陈列方式展示以本地考古发掘与征集为主要来源的文物。罗田县博物馆对现存文物价值的提炼与阐述，不仅为国内同类器物的研究提供了借鉴，还将文物信息更加全面地展示给观众。“平安生肖”就是在馆藏本地出土的生肖文物的基础上形成的专题展览。

除基本陈列，罗田县博物馆还依托5·18国际博物馆日、文化和自然遗产日，推出专题展览。近年来的专题展览主要分为两大类型，一是挖掘历史轶事与文化名人，以及体现当地民俗的非物质文化遗产，增加本土观众的地方自豪感，如“罗田历史名人展”“记忆中的罗田文庙”“罗田进士知多少”“罗田县非物质文化遗产展”等；二是响应党中央的号召举办革命主题的展览，对人民群众进行爱国主义与革命传统的教育，如“罗田县革命遗址遗迹宣传”“罗田县革命遗址遗迹名录”“罗田革命文物图片展”等。

此外，2019年罗田县博物馆结合罗田县第二十个党风廉政建设宣传教育日与5·18国际博物馆日推出了“罗田历史清正廉能人物展”专题展览。2022年的5·18

国际博物馆日，历时两年筹备策划的“罗田文庙文化展”亮相于大成殿一楼，该展览将罗田文庙历史与中华传统文化巧妙结合。

在肯定过去各项专题展览成就的同时，也应对今后策划展览的着力点进行思考。罗田县博物馆近年的专题展览内容固然有创新，但内容更新速度较慢，多为重复性的展览，且展览内容单一，以图片和文字为主，这样难免弱化了宣传效果。比如“罗田历史名人展”与“罗田县革命遗址遗迹宣传”活跃于每年的展览中，可考虑将这两个反映罗田当地历史文化底蕴与罗田人民英雄气概的展览加以充实完善，在博物馆资金与建筑空间允许的条件下设为常设的专题展览。同时，改变过去单调的信息单向输送的展览模式，在展览中提高观众的参与度。不断举办各类精品展陈和特色展览，突出地方文化特色。目前罗田县博物馆已将“罗田文庙文化展”数字化，通过罗田县博物馆微信公众号进行线上云展览。这只是一个开始，接下来罗田县博物馆还会将更多的藏品与展览搬上虚拟空间，使博物馆的展览不受地域与时间的限制，让观众可以随时“进入”博物馆参观。

（二）融入外展

罗田县博物馆馆藏文物中部分文物在全国占有重要地位。以陶瓷类藏品为例，在关于古代四神起源与发展演变的专题展览中，罗田县博物馆馆藏的四神俑以及硬陶四神罐是极具价值的候选展品；罗田县博物馆馆藏的青白瓷子母粉盒可以融入涉及女性的展览中，尤其是对古代女性妆容与化妆用具的展览中。

罗田县博物馆应重视发掘现有文物藏品的信息，阐述其价值与内涵；同时加强与其他博物馆的联系，带动馆内的“特产”走出去，拓宽展示渠道，提升博物馆及特色展品的知名度和影响力。可考虑以罗田县匡河汪家桥宋墓出土的包括四神俑、四神罐、十二生肖俑、人首蚕身俑、人首龟俑、人首鱼俑等文物为主题举办专题展览。这些文物构成了一整套墓内神煞体系，反映了南宋时期受道教文化影响的丧葬习俗。目前十二生肖俑已被征调至湖北省博物馆。

此外，罗田县博物馆还要加强与民间收藏者的沟通与合作，对有意愿进行藏品展示的民间收藏者，发挥博物馆自身优势为其提供展示空间；对于数量可观的藏品，也可与收藏家合作，举办展览，为观众提供丰富多彩的展览。

（三）宣教活动

宣传教育是博物馆的主要职能之一，博物馆在弘扬社会主义核心价值观、坚定文化自信的征程中，发挥着至关重要的作用。县级博物馆不同于省市级博物馆，其陈列展览的对象主要是当地群众，陈列展览与各项宣教活动均应立足于地方特色文化。目前罗田县博物馆已举办过“罗田县非物质文化遗产展”“罗田历史名人展”(图 4-1)等，并将其移至学校对小学生进行非遗知识、名人事迹的宣传，更好地传承和弘扬了优秀传统文化。2020 年 9 月 26 日，罗田县博物馆和悠贝亲子图书馆合作，让孩子们来博物馆参观并为他们讲解“平安生肖”展览，使孩子们直观感受历史文化底蕴。罗田县博物馆最大限度地利用馆藏资源发挥社会教育的职责。2022 年 8 月 30 日，“罗田历史清正廉能人物展”进入罗田县实验高级中学，旨在加深青少年对廉洁文化的认识，让他们从小树立正确的世界观、人生观、价值观。2022 年 8 月 18 日，罗田县博物馆与罗田县政协教文卫学习史委员会、共青团罗田县委合作，组织即将离开家乡奔赴大学的学生以及在校大学生参观“罗田文庙文化展”，助力“中国梦·家乡情”暑期文史考察活动（图 4-2)。

罗田县博物馆目前的宣教活动影响力比较有限，活动的对象仅限于学生，且观众参与度还有待提高。博物馆应与时俱进，不断创造出与时代主题、与人民群众需求相吻合的活动。博物馆宣教活动应注重与社会的联系以及信息的双向传播，对与学校的合作应当形成一套体系，让中小学生走进博物馆只是初级阶段，接下来还要考虑学校学生的课程设置，结合教学内容有针对性地策划展览，从小培养学生热爱

图 4-1　“罗田历史名人展”进校园巡回展览

图 4-2　大学生在“中国梦·家乡情”暑期文史考察过程中参观“罗田文庙文化展”

传统文化、保护历史文化的意识。博物馆应拓宽宣教活动的覆盖面，和当地的企事业单位合作，定期开展不同类型的文化交流会议。

博物馆观众的“引进来”与依托藏品的传统文化“走出去”同样重要。博物馆应积极地融入社区，深入乡村进行展览宣传和文化知识教育，充分发挥博物馆在加强爱国主义教育、改善民众精神文化生活等方面的积极作用。此外，博物馆还可以组织青少年“暑期夏令营”，定期举行公众感兴趣的讲座、知识竞赛等活动，提升公众的参观热情，扩大博物馆的社会影响力。

(四)互联网传播

罗田县博物馆主要借助黄冈新闻网、罗田县人民政府、罗田新闻网等官方网站进行最新展览信息的传播，目前已开通微信公众号，在5·18国际博物馆日、端午等特殊日期与节日推送相关文章，并将“罗田文庙文化展”进行云展览，使博物馆的影响力超出博物馆的范畴，拉近其与社会公众的距离。

借助互联网等技术对外宣传最新的展览，展示最新的文物藏品研究成果，是近年来随着信息技术的发展形成的新潮流。一方面，罗田县博物馆要加快藏品与展览数字化平台建设，构建罗田县博物馆官方网站，将数字化藏品与展览以全新的方式展示给观众，不仅可以为科研人员提供研究资料，更是拓宽了向普通群众普及文物知识的渠道。这一点怀宁县博物馆做得很好，非常值得借鉴。另一方面，微博、抖音、快手、微信视频号等平台在文化传播中的作用越来越突出。近年来，随着“互联网+”的深入发展，越来越多的博物馆选择在互联网平台开通官方账号，罗田县博物馆将紧跟时代潮流，借助互联网平台弘扬传统文化，“讲好罗田故事”。

博物馆可以借助互联网平台的影响力进行直播或以视频、图片、文字的形式宣传本馆馆藏的文物信息与最新展览，从文物本身、文物来源及其与其他文物之间的关系等维度进行深入挖掘，寻找宣传点。在这一过程中要注意各平台用户的差异，根据不同平台设计不同的文案，而不是同一条内容分别发送在不同平台上。还要注重利用现代科技手段丰富内容表达形式，增加观众可以互动的点，而不是传统的博物馆单向输出模式，又或是枯燥乏味、专业性极强的大篇幅文字，让有价值、有意义的内容通过更有趣的方式呈现出来。

第五章
罗田县博物馆陶瓷文物精品赏析

红陶球

新石器时代

三里畈庙山岗遗址出土

直径 1.7 厘米

① | ②
③ | ④ | ⑤

①灰陶纺轮

新石器时代　李家楼遗址出土　直径 2.5 厘米，厚 1.5 厘米

②灰陶纺轮

新石器时代　李家楼遗址出土　直径 3.9 厘米，厚 1 厘米

③灰陶纺轮

新石器时代　三里畈庙山岗遗址出土　直径 5.7 厘米，厚 1.1 厘米

④红陶纺轮

新石器时代　三里畈庙山岗遗址出土　直径 5.1 厘米，厚 0.7 厘米

⑤灰陶纺轮

新石器时代　三里畈庙山岗遗址出土　直径 4.6 厘米，厚 0.8 厘米

①
②　③

①灰陶纺轮

西周　三里畈庙山岗遗址出土　直径 2.4 厘米，厚 3.0 厘米

②红陶纺轮

西周　三里畈庙山岗遗址出土　直径 4.0 厘米，厚 2.2 厘米

③灰陶纺轮

西周　三里畈庙山岗遗址出土　直径 3.8 厘米，厚 2.3 厘米

①｜②
③

①红陶纺轮

西周　三里畈庙山岗遗址出土　直径5.9厘米，厚0.9厘米

②灰陶纺轮

西周　三里畈庙山岗遗址出土　直径5.3厘米，厚1.0厘米

③灰陶纺轮

西周　三里畈庙山岗遗址出土　直径3.5厘米，厚1.1厘米

红陶鬲

西周

三里畈庙山岗遗址出土

口径 20.1 厘米，通高 16.5 厘米

灰陶簋

东周

北丰治河造田时出土

口径 12.4 厘米，足径 7.7 厘米，通高 8.4 厘米

玉璧足青釉瓷碗

唐

北丰长塘坳出土

口径13.5厘米，足径4.5厘米，通高4.5厘米

青瓷执壶

唐

原罗田县文化馆收藏

口径 8.5 厘米，腹径 11.7 厘米，足径 6.5 厘米，通高 19.6 厘米

褐彩瓷枕

北宋

河铺镇大河埂村村民送交

通长 14.9 厘米，通宽 9.0 厘米，通高 10.3 厘米

青白釉瓷执壶

北宋

凤山镇丰衣坳村二组墓葬出土

口径 6.6 厘米，腹径 10.2 厘米，足径 5.8 厘米，通宽 11.1 厘米，通高 15.5 厘米

青白釉瓷水盂

北宋

凤山镇丰衣坳村二组墓葬出土

口径 7.6 厘米，腹径 9.2 厘米，足径 2.8 厘米，通高 6.5 厘米

青白釉瓷水盂

北宋

凤山镇丰衣坳村二组墓葬出土

口径 8.4 厘米，腹径 9.2 厘米，足径 2.7 厘米，通高 6.7 厘米

硬陶文侍俑

南宋

匡河汪家桥宋墓出土

通长 6.2 厘米，通宽 5.3 厘米，通高 21.5 厘米

硬陶文侍俑

南宋

匡河汪家桥宋墓出土

通长 6.3 厘米，通宽 5.1 厘米，通高 21.7 厘米

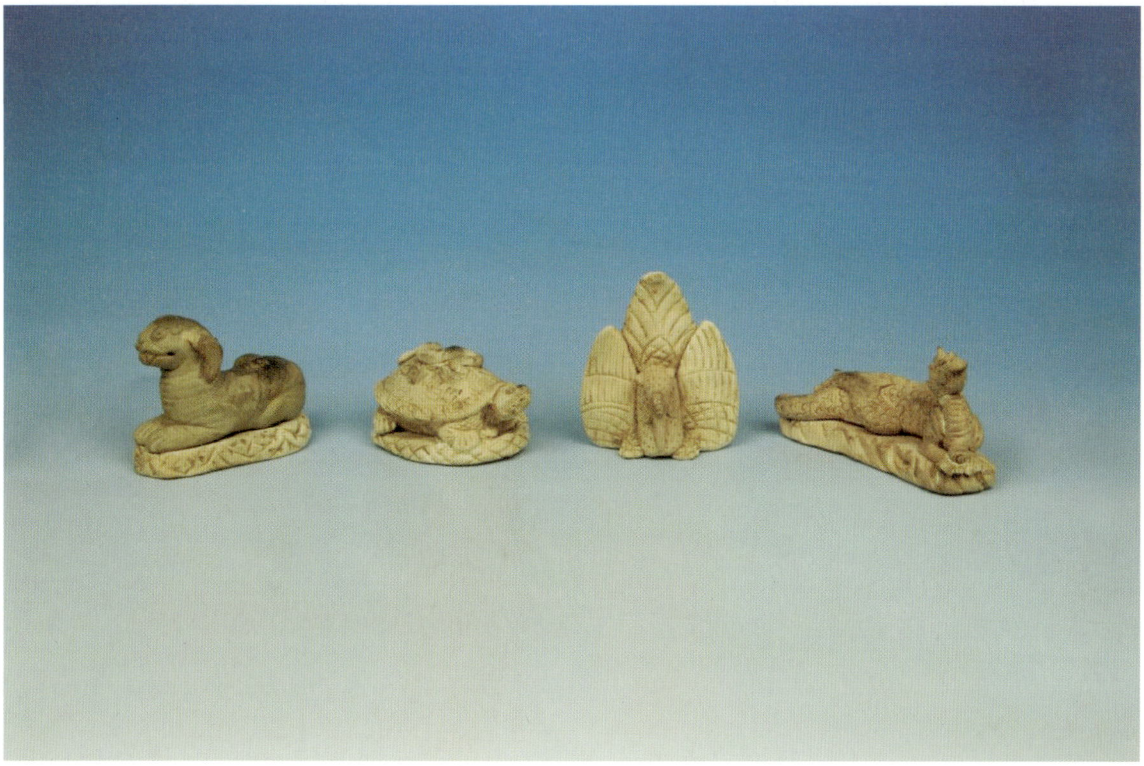

硬陶四神俑

南宋

匡河汪家桥宋墓出土

白虎：通长 10.9 厘米，通宽 6.0 厘米，通高 8.8 厘米，重 477.5 克

玄武：通长 11.2 厘米，通宽 7.8 厘米，通高 6.3 厘米，重 369.3 克

朱雀：通宽 9.4 厘米，通高 11.1 厘米，厚 4.5 厘米，重 224.1 克

青龙：通长 14.5 厘米，通宽 4.8 厘米，通高 7.5 厘米，重 349.8 克

硬陶四神青龙俑

南宋

匡河汪家桥宋墓出土

通长 15.0 厘米，通宽 4.6 厘米，通高 9.1 厘米

硬陶四神朱雀俑

南宋

匡河汪家桥宋墓出土

通宽 8.0 厘米，通高 12.3 厘米

直卧蚕身双人首硬陶俑

南宋

匡河汪家桥宋墓出土

通长 13.5 厘米，通宽 3.7 厘米，通高 4.6 厘米

盘卧蚕身双人首硬陶俑

南宋

匡河汪家桥宋墓出土

底径 7.3 厘米，通高 5.1 厘米

硬陶人首龟俑

南宋

匡河汪家桥宋墓出土

通长 11.5 厘米，通宽 4.6 厘米，通高 4.3 厘米

硬陶人首龟俑

南宋

匡河汪家桥宋墓出土

通长 13.5 厘米，通宽 6.4 厘米，通高 4.4 厘米

硬陶人首鱼俑

南宋

匡河汪家桥宋墓出土

通长 12.9 厘米，通宽 3.5 厘米，通高 7.3 厘米

硬陶鱼俑

南宋

匡河汪家桥宋墓出土

通长 13.5 厘米，通宽 4.1 厘米，通高 7.1 厘米

硬陶鸡俑

南宋

匡河汪家桥宋墓出土

通宽 9.5 厘米，通高 14.4 厘米

硬陶鸭俑

南宋

匡河汪家桥宋墓出土

通宽 8.6 厘米，通宽 13.5 厘米

青白釉执壶

宋

北丰李家楼出土

口径 2.5 厘米，腹径 10.8 厘米，通高 9.0 厘米

茶叶末釉瓷执壶

宋

大地坳小学出土

口径 9.4 厘米，腹径 12.0 厘米，足径 8.0 厘米，通高 19.9 厘米

青釉瓷碗

宋

修三里桥粮管站时出土

口径 15.4 厘米，足径 5.9 厘米，通高 6.6 厘米

硬陶琮

宋

原罗田县文化局徐向群捐

通长 7.0 厘米，通宽 7.0 厘米，通高 7.5 厘米，孔径 2.6 厘米

褐釉硬陶罐

宋

征集购买

口径 8.7 厘米，腹径 14.7 厘米，足径 8.2 厘米，通高 12.8 厘米

釉陶皈依罐

宋

匡河付家庄大畈坪村王新建送交

口径 7.9 厘米，腹径 13.3 厘米，足径 7.6 厘米，通高 33.0 厘米

青白釉瓷执壶

宋

北丰李家坪村李家塆出土

口径 8.8 厘米，腹径 11.0 厘米，足径 7.2 厘米，通高 14.7 厘米

白釉斗笠瓷碗

宋

白莲河乡卜钟地村出土

口径 15.0 厘米，足径 4.2 厘米，通高 6.0 厘米

褐釉陶罐

宋

白庙河镇高山村东铺冲出土

口径 14.5 厘米，腹径 17.0 厘米，足径 8.4 厘米，通高 12.2 厘米

硬陶侍俑

宋

凤山镇丰衣坳村二组墓葬出土

通长 6.0 厘米，通宽 4.2 厘米，通高 18.9 厘米，底宽 3.9 厘米，底长 6.0 厘米

硬陶侍俑

宋

凤山镇丰衣坳村二组墓葬出土

通长 6.0 厘米，通宽 4.2 厘米，通高 18.8 厘米，底宽 3.6 厘米，底长 6.0 厘米

附加堆纹红陶罐

宋

北丰李家楼采集

口径 9.7 厘米，腹径 16.4 厘米，足径 10.0 厘米，通高 16.7 厘米

白釉菊瓣纹硬陶碗

宋

胜利镇大竹园出土

口径 17.2 厘米，足径 5.3 厘米，通高 7.8 厘米

青釉高足瓷碗

元

凤山镇长塘坳村二组董家垸墓葬出土

口径 12.2 厘米，足高 4.9 厘米，足径 4.0 厘米，通高 10.1 厘米

①|②
 |③

①青釉高足瓷碗

元

北丰王道山段家塆出土

口径 10.8 厘米，足高 5.5 厘米，足径 4.0 厘米，通高 10.6 厘米

②青釉高足瓷碗

元

旧藏

口径 10.4 厘米，足高 4.7 厘米，足径 4.0 厘米，通高 9.7 厘米

③青釉高足瓷碗

元

敢鱼咀出土

口径 11.0 厘米，足高 4.6 厘米，足径 4.0 厘米，通高 9.5 厘米

青釉高足瓷碗

元

石桥铺四口塘出土

口径 12.0 厘米，足径 4.2 厘米，通高 10.5 厘米

白釉瓷碗

元

肖家坳唐家冲出土

口径 14.4 厘米，足径 4.9 厘米，通高 4.4 厘米

青釉瓷碗

元

修三里桥粮管站时发掘

口径 14.7 厘米，足径 5.6 厘米，通高 6.2 厘米

白釉刻花瓷碗

元

匡河施家畈出土

口径 18.4 厘米，足径 7.5 厘米，通高 4.7 厘米

青釉瓷碗

元

采集

口径 16.0 厘米，足径 8.6 厘米，通高 4.5 厘米

青釉瓷碗

元

石桥铺蔡家垅出土

口径 15.5 厘米，足径 7.1 厘米，通高 4.9 厘米

白釉菊瓣纹瓷碗

元

匡河施家畈出土

口径 11.0 厘米，足径 4.2 厘米，通高 4.4 厘米

青釉瓷碗

元

匡河施家畈出土

口径 14.9 厘米，足径 6.8 厘米，通高 4.9 厘米

青釉瓷碗

明

罗田县城西门缫丝厂在栗子坳处挖地基建职工宿舍时发掘

口径 19.5 厘米，足径 8.2 厘米，通高 5.0 厘米

青釉瓷碗

明

罗田县城西门缫丝厂在栗子坳处挖地基建职工宿舍时发掘

口径 18.8 厘米，足径 8.0 厘米，通高 4.1 厘米

青釉瓷碗

明

罗田县城西门缫丝厂在栗子坳处挖地基建职工宿舍时发掘

口径 19.0 厘米，足径 8.2 厘米，通高 5.0 厘米

青釉瓷碗

明

罗田县城西门缫丝厂在栗子坳处挖地基建职工宿舍时发掘

口径 19.2 厘米，足径 8.1 厘米，通高 4.5 厘米

龙泉窑青釉高足瓷碗

明

维修三里畈三官殿水库时发掘

口径 12.0 厘米，足高 4.4 厘米，足径 3.7 厘米，通高 9.5 厘米

龙泉窑菊瓣纹青釉瓷碗

明

征集购买

口径 10.4 厘米，足径 4.3 厘米，通高 6.0 厘米

青釉硬陶盘

明

平湖汪家塆出土

口径 13.4 厘米，足径 6.1 厘米，通高 3.2 厘米

龙泉窑刻花青釉瓷碗

明

旧藏

口径 19.8 厘米，足径 6.8 厘米，通高 8.5 厘米

龙泉窑菊瓣纹青釉瓷碗

明

征集购买

口径 10.0 厘米，足径 4.3 厘米，通高 5.5 厘米

青釉硬陶碗

明

石桥铺四口塘村出土

口径 15.2 厘米，足径 6.0 厘米，通高 6.3 厘米

青釉瓷碗

明

维修三里畈三官殿水库时发掘

口径 15.8 厘米，足径 5.3 厘米，通高 7.3 厘米

酱釉瓷盖罐

明

凤山镇丰衣坳村金钩岭(迎宾大道)程氏祖墓中出土

口径 6.6 厘米,腹径 12.8 厘米,足径 6.6 厘米,盖径 8.3 厘米,通高 18 厘米

青釉撇口瓷碗

明

凤山镇丰衣坳村金钩岭(迎宾大道)程氏祖墓中出土

口径 17.3 厘米,足径 5.5 厘米,通高 5.0 厘米

青釉瓷碗

明

凤山镇丰衣坳村金钩岭(迎宾大道)程氏祖墓中出土

口径 11.5 厘米,足径 4.3 厘米,通高 5.5 厘米

青瓷撇口碗

明

凤山镇丰衣坳村金钩岭(迎宾大道)程氏祖墓中出土

口径 17.5 厘米,足径 6.1 厘米,通高 6.0 厘米

青釉高足瓷碗

明

凤山镇丰衣坳村金钩岭(迎宾大道)程氏祖墓中出土

口径 12.4 厘米,足高 5.1 厘米,足径 4.8 厘米,通高 10.3 厘米

青釉瓷碗

明

凤山镇长塘坳村二组董家垸墓葬出土

口径 14.8 厘米，足径 6.6 厘米，通高 6.1 厘米

青瓷八角形杯

明

征集购买

口径 8.5 厘米，足径 2.5 厘米，通高 4.0 厘米

青瓷狮座烛台

清

九资河镇广化寺附近塆中收集

通宽 7.1 厘米，通高 18 厘米，底长 5.6 厘米，底宽 4.0 厘米

白瓷药钵

中华民国时期(1912 年 1 月至 1949 年 9 月)

旧藏

口径 9.6 厘米,足径 5.5 厘米,通高 5.4 厘米

参考文献 References

[1] 罗田县地方志编纂委员会. 罗田县志(1986—2005)[M]. 武汉：武汉出版社，2012.

[2] 司马迁. 史记[M]. 北京：中华书局，2000.

[3] 朱海珍，王玉亮，袁洪升. 河北文庙的保护现状与开发利用[J]. 河北旅游职业学院学报，2015，20(1)：15-18.

[4] 柳雯. 中国文庙在当代社会的利用现状研究[J]. 商场现代化，2009(17)：15-16.

[5] 李晓东. 文物学[M]. 北京：学苑出版社，2005.

[6] 庄子. 庄子[M]. 2 版. 方勇，译注. 北京：中华书局，2015.

[7] 王承旭. 繁昌窑[M]. 南京：江苏凤凰美术出版社，2014.

[8] 王丹丹. 安徽博物院藏繁昌窑青白瓷器[J]. 文物鉴定与鉴赏，2015(1)：24-31.

[9] 黄凯，朱铁军，王永祥. 又见繁昌窑[M]. 南京：江苏凤凰美术出版社，2018.

[10] 宋黎藜.宋代吹笙人物执壶的断源争论暨繁昌窑考察[J]. 文物天地，2020(3)：88-99.

[11] 吕伟涛. 国家博物馆藏十二生肖陶俑研究[J]. 文物天地，2017(2)：24-27.

[12] 孙峥. 四神形象的象征意义[J]. 黑龙江史志，2015(8)：39-40.

[13] 尹钊，刁海军，张继超. 十二地支和十二生肖的演变探究[J]. 东方收藏，2014(4)：98-100.

[14] 高峰，周稳. 繁昌窑青白瓷审美意趣及兴衰原因探究[J]. 金陵科技学院学报(社会科学版)，2021，35(1)：54-58.

[15] 唐静. 考古材料中十二生肖形象的类型及演变[D]. 长春：吉林大学，2007.

[16] 邓菲. 形式与意涵的多元化——论两宋考古资料中的十二生肖像[J]. 民族艺术，2015(6)：90-100.

[17] 罗田县文管所. 罗田县汪家桥宋墓发掘记[J]. 江汉考古，1985(2)：39-46.

[18] 张剑. 宋富豪李彬夫妇墓出土的“陶四神”[N/OL]. 收藏快报，2022-04-30[2022-5-13]. http://epaper.dfsc.com.cn/resfile/2022-04-30/03/sckb2022043003.pdf.

[19] 赖金明. 宋元纪年堆塑罐折射出的文化意义[J]. 东方收藏，2011(1)：58-60，62.

[20] 庄程恒. 墓中明堂：十二生肖与南方宋墓的空间意涵[J]. 中国美术研究，2020(2)：27-40.

[21] 蒋炎. 从“功能”因素看壶类器物的造型发展史[J]. 陶瓷学报，2007(2)：129-138.

[22] 牟宝蕾. 注子的起源及演变[J]. 文博，2015(6)：58-65.

[23] 夏征农，陈至立. 辞海(彩图本)[M]. 6 版. 上海：上海辞书出版社，2009.

[24] 孟元老. 东京梦华录[M]. 杨春俏，译注. 北京：中华书局，2020.

[25] 刘东.注子注碗源流考[J].文博学刊,2018(3)：88-94.

[26] 何江岳. 唐宋陶瓷执壶研究[D]. 南京：南京师范大学，2020.

[27] 李诫. 营造法式[M]. 邹其昌，点校. 北京：人民出版社，2006.

[28] 陈至立. 辞海[M].7 版. 上海：上海辞书出版社，2020.

[29] 孙金玲. 唐明之间中国瓷质酒具造型演变的规律[D]. 景德镇：景德镇陶瓷学院，2012.

[30] 刘乐君,刘乐沁."工于形,慧于心"——陶瓷温酒器的形制设计探微[J].陶瓷学报,2017,38(3)：440-442.

[31] 丁文慧. 宋代墓葬出土茶用执壶研究[D]. 济南：山东大学，2016.

[32] 李慧，仝一帆. 洞天：粉盒的功能和外销[J]. 文物天地，2015(10)：79-83.

[33] 沈芯屿. 粉黛香盒——女性文物之唐宋瓷粉盒研究[J]. 美育学刊，2014，5(1)：96-104.

[34] 冯璐远. 宋代景德镇青白瓷粉盒造型及功能初探[J]. 大众文艺，2015(5)：119.

[35] 郭晓蓉. 浅谈宋代女性妆饰艺术成因及风格[J]. 名作欣赏，2019(24)：94-95.

[36] 李薇.中国传统服饰图鉴[M].北京：东方出版社,2010.

[37] 杨天才,张善文,译注.周易[M].北京：中华书局,2011.

[38] 张英. 从考古学看我国东北古代民族"毁器"习俗[J]. 北方文物，1990(3)：21-27.

[39] 黄卫东. 史前碎物葬[J]. 中原文物，2003(2)：24-29.

[40] 邱诗萤. 长江中游史前毁器葬[J]. 三峡大学学报(人文社会科学版)，2014，36(5)：17-21.

[41] 赵腾飞. 中原地区史前至夏商时期毁器葬研究[D]. 郑州：郑州大学，2019.

[42] 张碧波. 关于毁尸葬、毁器葬、焚物葬的文化思考[J]. 中原文物，2005(2)：36-40，61.

[43] 郜向平. 商墓中的毁器习俗与明器化现象[J]. 考古与文物，2010(1)：42-49.

[44] 戴圣. 礼记[M]. 胡平生，张萌，译注. 北京：中华书局，2018.

[45] 朱广宇. 古代明器使用制度中的设计艺术思想[J]. 设计艺术(山东工艺美术学院学报)，2007(3)：42-45.

[46] 赵金刚. "明器"可能的义理诠释[J]. 平顶山学院学报，2015，30(3)：31-36.

[47] 许慎. 说文解字[M]. 汤可敬，译注. 北京：中华书局，2018.

[48] 湖北省文物考古研究所，黄冈地区博物馆，罗田县文物管理所. 湖北罗田庙山岗遗址发掘报告[J]. 考古，1994(9)：779-786，788-800.

[49] 亚伯拉罕·马斯洛. 动机与人格[M]. 3版. 许金声，等译. 北京：中国人民大学出版社，2007.

[50] 饶崛. 纺轮的诞生、演进及其与纺纱技术发展的关系研究——以中国境内新石器时代典型遗址发掘的纺轮为例[D]. 上海：东华大学，2019.

[51] 饶崛，李建强. 原始纺纱工具纺轮诞生初探[J]. 服饰导刊，2021，10(5)：1-4.

[52] 袁建平.湖南出土新石器时代纺轮、纺专及有关纺织问题的探讨[J].湖南省博物馆馆刊，2013(00)：125-138.

[53] 王鸣.中国服装简史[M].上海：东方出版中心，2018.

[54] 严蓉，李强. 湖北地区出土纺轮的统计[J]. 服饰导刊，2020，9(6)：1-27.

[55] 饶崛，程隆棣. 湖北地区新石器时代纺轮新考[J]. 丝绸，2018，55(8)：94-102.

[56] 蔡运章. 屈家岭文化的天体崇拜——兼谈纺轮向玉璧的演变[J]. 中原文物，1996(2)：47-49.

[57] 丁子杰. 唐宋墓葬出土人首鱼身俑研究[J]. 东南文化，2020(6)：119-125.

[58] 李颖. 福建五代两宋随葬俑研究[D]. 福州：福建师范大学，2013.

[59] 余天. 四川地区宋俑研究[D]. 长春：吉林大学，2019.

[60] 高汉玉. 从出土文物追溯蚕丝业的起源[J]. 蚕桑通报，1981(1)：17-24.

[61] 江苏省文物工作队. 江苏吴江梅堰新石器时代遗址[J]. 考古，1963(6)：308-318，7-9.

[62] 郭廉夫，丁涛，诸葛铠. 中国纹样辞典[M]. 天津：天津教育出版社，1998.

[63] 郭郛. 从河北省正定南杨庄出土的陶蚕蛹试论我国家蚕的起源问题[J]. 农业考古，1987(1)：302-309.

[64] 陶红，张诗亚. 新石器时代蚕纹陶器和陶蚕蛹新论[J]. 社会科学战线，2010(3)：259-260.

[65] 卢亚辉.北朝至宋代墓葬出土地轴的考古学研究[J].四川文物，2020(5)：88-100.

[66] 卢亚辉. 唐五代墓葬所见墓龙[J].文物春秋，2020(3)：54-63.

[67] 王琼. 双人首蛇身俑考[J]. 文物鉴定与鉴赏，2019(21)：12-15.

[68] 河南博物院. 掇菁撷华——河南博物院征集文物图录(1997—2018)[M]. 郑州：大象出版社，2020.

[69] 新津县文物体育和旅游局，新津县政协文史委. 新津文物精品图录[M]. 成都：巴蜀书社，2019.

[70] 宋家慧. 关于预防性保护措施在馆藏文物保护中的应用[J].文物鉴定与鉴赏，2020(15)：96-97.

[71] 国家文物局. 博物馆事业中长期发展规划纲要(2011—2020年)[EB/OL]. (2012-02-02)[2022-05-18]. http：//www. ncha. gov. cn/art/2012/2/2/art_2237_42262. html.

[72] 张晓云. 县级博物馆藏品来源与征集困境主要影响因素探讨[N]. 中国文物报，2021-10-26(6).

[73] 李前桥. 浅谈县级博物馆的功用与发展[J]. 文物鉴定与鉴赏，2018(19)：109-111.